諸神

江逐浪 教授 著

希臘眾神的
愛恨情仇與星座的起源

的星空

前言 Preface

你多久沒見過銀河了？你是否從出生起就沒有見過真正的星空？我曾經數次站在草原、沙漠或大海邊仰望蒼穹，在璀璨的群星下感受到的不僅是迷醉，更是震顫。

遙想 3000 年前的古代：沒有燈光閃爍，沒有大氣污染，更沒有電視劇分散注意力，那時的古人夜復一夜地仰臥在無邊星空下，一定也會像現代人一樣讚歎著世界的神奇。讚歎著，讚歎著，就莫名地感受到人類自身的渺小。星空蘊含的時空無垠感，激烈地碰撞著人類關於生命有限的認知，迸濺出的浪花便是神話、宗教或哲學的浪花。在古人眼中，群星不僅是一些漂亮的、會閃爍的亮點，也是眾神的居所，是人類攀登的方向。

在夜復一夜的觀察中，有人發現有些星位置相近，便把它們組合起來，用一條條看不見的假想線條相連，這就是西方人所說的星座。一般認為，星座最初由兩河流域的蘇美人發明，後來傳入埃及和希臘地區。西元 2 世紀，古希臘天文學家克勞狄烏斯・托勒密把夜空的群星劃分成了 48 個星座，把它們想像成神話中的人、動物或物品的形象，這就是那些星座名稱和神話的由來。

科學可以告訴我們，在三維的宇宙裡，那些星座中的星星們其實並不相鄰，甚至還可以告訴我們它們真實的形態與成分構成。可是，如果人們只把月亮當成一塊坑坑窪窪的大石頭，那該多無趣呢？在科技發達的今天，人們其實更需要細心呵護生活中的浪漫與天真。

用星座神話的眼光仰望夜空，能看到的不僅是恆星、星雲，還有希臘神話中的一個個英雄——他們的豐功偉業，他們的毀譽人生，他們用自己坎坷、成敗、教訓、選擇，為世人指明人生的方向。

　　一如燦爛群星。

Contents

希臘字母表

Chapter 1
羊毛不是誰都能拔的——白羊座   008
Aries

Chapter 2
細節決定生死——金牛座   036
Taurus

Chapter 3
兩兄弟，一條命——雙子座   082
Gemini

Chapter 4
來自嫡母的最強考驗——巨蟹座與獅子座   102
Cancer & Leo

Chapter 5
幸運的後面是懲戒，犧牲的旁邊是公平——室女座與天秤座   150
Virgo & Libra

Chapter 6
掌控不了的權力是危險的──天蠍座
Scorpio

182

Chapter 7
命喪徒弟之手的師傅──射手座
Sagittarius

214

Chapter 8
牧神潘與愛神邱比特──摩羯座與雙魚座
Capricornus & Pisces

246

Chapter 9
人還在，美不在──水瓶座
Aquarius

274

Chapter 10
第十三個星座──蛇夫座
Ophiuchus

296

Chapter 11
群星環繞北極星──星座與星宿
Constellation

311

後記

希臘字母表

希臘字母→英文拼法

α	Alpha		ν	Nu
β	Beta		ξ	Xi
γ	Gamma		ο	Omicron
δ	Delta		π	Pi
ε	Epsilon		ρ	Rho
ζ	Zeta		σ	Sigma
η	Eta		τ	Tau
θ	Theta		υ	Upsilon
ι	Iota		φ	Phi
κ	Kappa		χ	Chi
λ	Lambda		ψ	Psi
μ	Mu		Ω	Omega

希臘神話中有一位大神，他能力超強、經歷豐富，豔遇不斷，私生子無數，你覺得這是誰？

宙斯（Zeus）。

不一定，也有可能是宙斯的兒子。

宙斯在凡間的私生子眾多，其中不乏一些赫赫有名的英雄。可是，在希臘神話的世界裡，眾神與凡人的兒子只能是半人半神的英雄，不能擁有永恆的生命，死後也只能進入冥界，不能成為神。

但是，有兩個人例外！這兩個人，一個是最後進入了奧林匹斯山上十二主神體系的酒神戴奧尼索斯（Dionysus），另一個更加有名，他就是被人們稱為大力神的赫拉克勒斯（Hercules）。希臘神話裡如果沒有赫拉克勒斯，那麼其魅力至少將損失三成！

本書主要講述與星座相關的希臘神話故事，這些故事中幾乎四處都閃動著赫拉克勒斯的身影：在白羊座故事中他加入了阿爾戈船隊一起出發探險，與金牛座故事中的主角忒修斯（Theseus）有一段非常有趣的淵源，和雙子座兄弟一起參加了狩獵卡利敦野豬的大事件，親手殺死了巨蟹座和獅子座，無意間害死了自己的恩師射手座，最後天上還因為他的婚姻多了個水瓶座，就連天上銀河的出現也全是因為他！

在天，他死後升上神山，成為天上的武仙座；在地，他曾經活著進出冥界，挑戰冥王的權威。他的一次復仇成為特洛伊戰爭的開端，他的一件遺贈又成了終結特洛伊戰爭的寶物。

他的情史和其父宙斯一樣氾濫，他的私生子也不比宙斯的少，他的魅力比宙斯還要奪目。他到底是「長大後我就成了你」，還是「一代更比一代強」？

可以肯定的是：如果沒有赫拉克勒斯，我們的星空將無比寂寞。

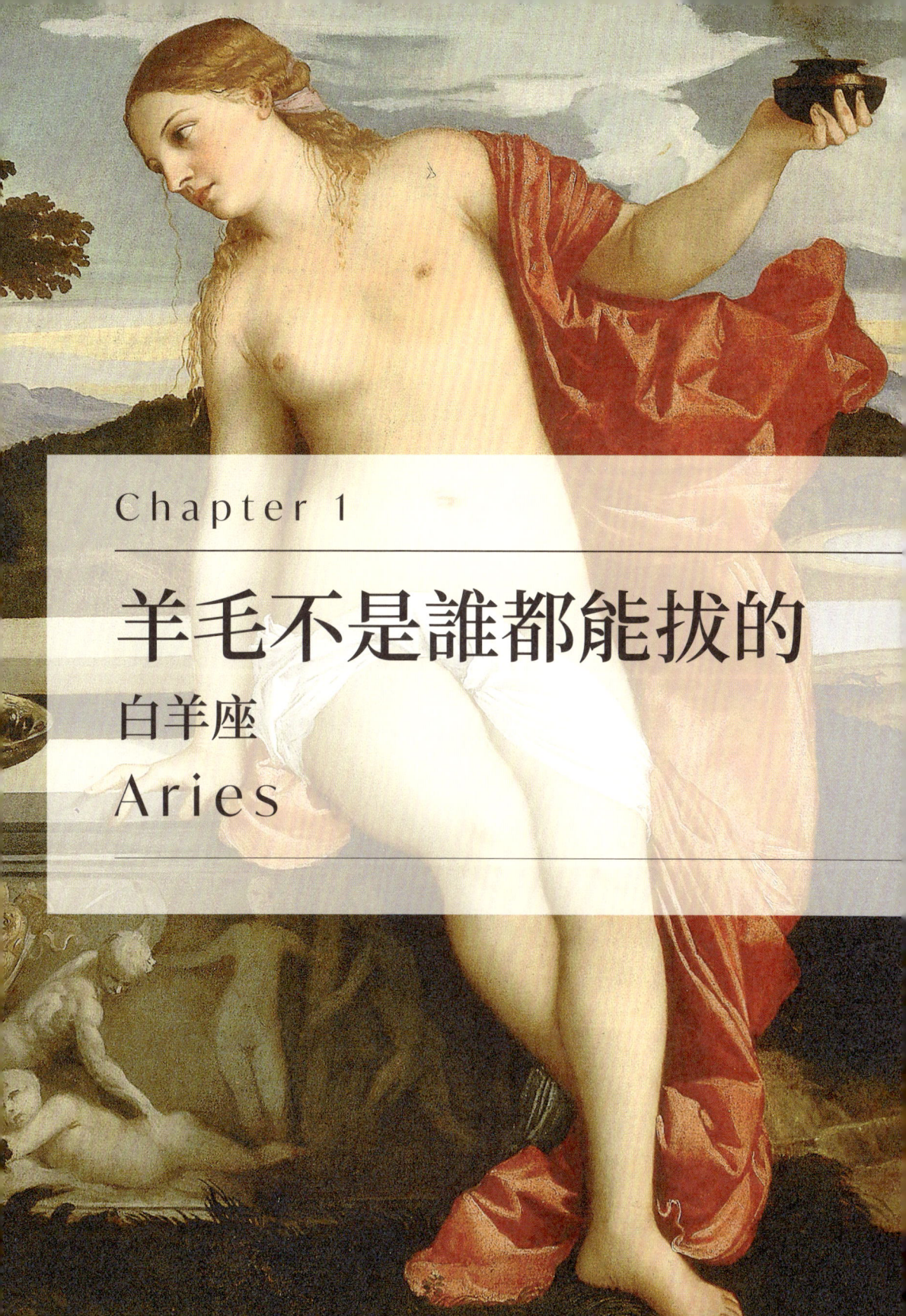

Chapter 1

羊毛不是誰都能拔的

白羊座
Aries

如果把包裹著我們的宇宙看成一個天球的話，那麼我們則生活在天球的內部。向外看，就會覺得太陽在群星間緩慢地移動著位置。這個太陽運行的軌道其實是地球公轉軌道平面與天球相交的投影，就是人們所說的黃道。像地球儀一樣，天球也可以看作被黃道切割成了南北兩部分。分布在整個天球的88個星座，也因此被分為三大類：南天星座、北天星座和黃道星座。人們通常所說的十二星座都是黃道星座。

黃道在星空中像一個環，每個星座都與另外兩個星座相鄰，在環上沒有真正的起點。但人們長期以來受西方古代占星習慣的影響，以白羊座為黃道星座的開端。占星學把出生日期在3月21日至4月19日的人歸入白羊座。事實上，白羊座應對的天文日期是4月19日至5月13日。

希臘神話中有兩隻著名的羊。其中一隻是宙斯的「奶媽」阿瑪爾忒婭（Amalthea），它用自己角上的蜜露餵養宙斯長大。後來，宙斯用它的皮製成了兩面世上最堅硬的盾牌，一面留給了自己，把另一面送給了雅典娜（Athena）。給雅典娜的那面被稱為埃癸斯（Aigis），在當代英語中它又被轉拼為「aegis」，就是保護盾的意思（故事詳情見《希臘眾神的天空》）。

這是一隻對整個奧林匹斯神族意義重大的羊，它應該在天空上有一席之地吧？難道每年新春伊始的白羊座就是為了紀念宙斯的這個羊奶媽？

還真不是。阿瑪爾忒婭只是木星的一顆衛星的名字，天文學上把它稱為木衛五。其實和白羊座的故事相關的不是奶媽，而是繼母。

忌妒女神赫拉

　　這個故事還要從色薩利（Thessaly）的國王伊克西翁（Ixion）說起。

　　伊克西翁愛上了鄰國的美麗公主，正式向她的父親求了婚。可是，美女的父親財迷心竅，要伊克西翁用王室金庫裡的全部財寶作為「聘禮」才行。伊克西翁表現出「戀愛腦」的姿態，還真的答應了這個天價聘禮，高高興興把公主娶走了，此後卻久久拖著不肯付錢。

　　時間一長，老丈人急了，直接找上門去，要伊克西翁兌現承諾。伊克西翁倒是沒有推脫，他打開了金庫，讓老丈人自己進去隨便拿。可是，當老國王開開心心進金庫準備裝財寶時，伊克西翁卻在外面關門、點火，把自己的岳父活活燒死在金庫裡。

　　雖然這個丈人貪心了點，但是求婚、允婚畢竟是件你情我願的事情，伊克西翁這麼絕情地對待這位親人，並且這位還是他自己的客人，既犯了殺人罪，又犯了毀諾罪，還侵犯了主賓權益（後兩條在古希臘也是重罪）。他也知道自己罪大惡極，事發後苦苦哀求宙斯的寬恕。宙斯心一軟，不但赦免了他，還准許他待在奧林匹斯山上和眾神們生活在一起。

　　沒想到，這簡直就是引狼入室！伊克西翁在奧林匹斯山上，一眼就看中了天后赫拉（Hera）！在他的眼中，赫拉比自己那個凡間美人漂亮多了。他為了自己的凡人妻子都願意犯下三重大罪，為了赫拉還有什麼不敢的？伊克西翁被赫拉迷得神魂顛倒，居然發展到敢調戲天后了。

赫拉對此怒不可遏，向宙斯告了狀。宙斯一時不敢相信居然還有這樣大膽的人，天真地以為這裡面恐怕有點誤會，決定再給伊克西翁一個機會，要親自考驗一下他。他運用神力，拽過一朵雲，把它捏成了赫拉的模樣，放在伊克西翁面前，悄悄觀察伊克西翁在這個「赫拉」面前會有什麼樣的表現。

伊克西翁調戲雲做的赫拉
彼得・保羅・魯本斯／1615年／布面油畫／215cm×285cm／羅浮宮朗斯分館

畫中的兩個赫拉雖然面容一模一樣，簡直就像是在照鏡子，可是誰真誰假還是一目了然：真赫拉的腳下有象徵她的身分和地位的孔雀，假赫拉沒有。

伊克西翁肉眼凡胎,哪裡看得出眼前的美女是真神還是雲朵。他一看到「赫拉」在自己的面前,美麗柔弱,好像也沒了平時的天后氣場,居然膽大包天地直接抱住這個「雲赫拉」,肆意發洩慾望。

這把宙斯氣得不行!還好這是雲做的妻子,如果是真的赫拉,自己豈不成為神界的笑柄了?伊克西翁被抓了個現行,當然沒有好下場。宙斯讓火神赫費斯托斯(Hephaestus)打造了一個熊熊燃燒的火輪,把伊克西翁綁在了火輪上。

英語裡有個「伊克西翁之輪」(Ixion's Wheel),就如同中文裡的「無間地獄」,表示無盡的折磨,其來源就是伊克西翁的故事。他不僅被綁在了火輪上,還連人帶火輪被一起打入塔爾塔羅斯(Tartarus,希臘神話中的地獄),在那裡永遠受苦,永遠得不到解脫。

伊克西翁
胡塞佩・德・里貝拉/1632 年/布面油畫/220cm×301cm/馬德里普拉多博物館

懲罰了伊克西翁之後，事情看起來塵埃落定，但是這樁孽緣還有個副產品沒有解決：那朵雲怎麼辦？

　　那朵雲已經成了人形，一直沒有散掉，整天在奧林匹斯山上晃，還頂著赫拉這張臉到處晃。其他人也就算了，赫拉受不了。就像所有的女生一樣，女人最受不了的就是有人與自己撞臉，更何況這朵與自己撞臉的雲還總能讓她回想起羞憤的往事。赫拉不想在奧林匹斯山上再看見這朵雲了，乾脆把她變成了一個真正的女人，讓她有血有肉，可以去人間尋找自己的第二春。赫拉給這朵雲起了一個人類的名字──涅斐勒（Nephele）。

伊克西翁被懲罰
西元 60—79 年／濕壁畫／原位於龐貝維蒂之家，現藏於拿坡里國家考古博物館

這幅在龐貝古城發現的壁畫表現的正是伊克西翁受懲罰的情景，只不過在這幅畫中，懲罰他的不是宙斯，而是赫拉。畫面中央最醒目的人是神使荷米斯（Hermes），高坐在右邊寶座上的是赫拉，和她面容一樣的假赫拉坐在他們的腳下。宙斯雖然沒有出現，可是他的使者彩虹女神伊麗絲（Iris，她是宙斯與赫拉的使者）卻正站在赫拉身後，彷彿邊與赫拉商量著，邊做著手勢命人執行懲罰──自己不出面，讓兩個使者出面宣布命令，反而更能讓人感受到宙斯的王者威嚴。在畫面的左方，火輪已經設好，伊克西翁已經被綁在了火輪上。雖然畫面並沒有畫出他的全身，但根據露出的頭、肩部已經可以看出，他的身材比眾神小很多。這正是希臘神話中神與人的區別：雖然人與神的形象一致，但神比人高大健壯得多。

這幅壁畫發現於龐貝的一個富戶家中。由於猝然而至的火山灰，龐貝遺址完整保留了西元 1 世紀時古羅馬繪畫的成就。從這幅畫中可以看到，古羅馬時的繪畫技巧已經十分純熟：人體比例合理，動作舒展自然，而且畫家已經能夠非常精巧地把人物放在特定情境中作畫，彷彿就是當代的生活場景抓拍，讓靜態的畫作具備濃厚的動感，讓每個人物的性格、情感都得以展現，充滿戲劇性。這些特點正是 14 世紀以後文藝復興畫家們所追求、復原的，而那時龐貝城尚未被發現。當然，龐貝城的繪畫也不盡然都是這種風格的，這種極具生活化、戲劇化的風格被稱為龐貝第四風格。

2

每一根羊毛都是純金的

涅斐勒後來成為維奧蒂亞（Boeotia）國王阿塔瑪斯（Athamas）的王后。兩人生下了一男一女兩個孩子：男孩名叫佛里克索斯（Phrixus），女孩名叫海勒（Helle）。可是，這兩個人沒有熬過七年之癢，沒幾年阿塔瑪斯就另結新歡，和一個名叫伊諾（Ino）的美女住在一起，還生了兩個兒子。

涅斐勒雖然原身是一朵雲，卻有著烈火般的脾氣，她不願意就這麼忍下恥辱，一氣之下離開了阿塔瑪斯，回奧林匹斯山找宙斯和赫拉告狀去了。但她忽略一件事：這一走，自己的一雙兒女就被單獨留在了維奧蒂亞的王宮裡。

涅斐勒以為，雖然自己和阿塔瑪斯婚姻破裂，可是一雙兒女畢竟是他的親骨肉，把他們留在父親身邊應該沒什麼問題。但是她沒想到，新王后伊諾是個有心機的女人，她自己生下了兩個男孩，所以涅斐勒的一雙兒女她怎麼看都不順眼。伊諾開始迫害這對小兄妹，屢次置他們於死地。涅斐勒聽說這情況後坐不住了，立刻派自己的神奇公羊去營救兒女。這隻公羊是荷米斯給她的禮物，它長著一雙翅膀，並且全身上下的每一根羊毛都是純金的，光燦無比。

佛里克索斯和海勒騎著金羊出逃
西元 2 世紀末／鏡背銀質浮雕／羅馬國家博物館馬西莫宮

這隻金燦燦的公羊趁著黑夜，把那對小兄妹從重重守護的深宮中帶了出來，讓他們在自己的背上坐穩，凌空飛翔起來。兄妹倆不敢相信自己竟然能輕易地跨越千山萬水，只覺得一路都在騰雲駕霧。慢慢地，妹妹海勒有點好奇，向下看了一眼，想看看自己是怎麼飛越陸地和海洋的。可是只看了一眼，她就被自己的高度和速度驚嚇到，頭一暈從羊背上栽了下來，落入了下面的大海裡。

　　哥哥佛里克索斯大吃一驚，急忙伸手去抓她，卻已經來不及了，公羊飛翔的速度極快，轉瞬間就已經把海勒甩在了身後，再也看不到她的蹤影。他只能擦乾眼淚，緊緊抓住羊角，不讓自己也掉下去。

海勒從羊背上墜落大海
西元前1世紀／馬賽克鑲嵌畫／拿坡里國家考古博物館

　　海勒墜落的地方就是現在土耳其的內海——馬爾馬拉海，它是連接黑海和愛琴海的交通要道，那裡有個海峽，名字就意為「海勒墜海的地方」。佛里克索斯終於平安地跨過了黑海，在黑海對岸的科爾喀斯（Colchis）落地。可是，他剛從公羊的脊背上下來，這隻勞苦功高的羊就倒在地上精疲力盡而死了。佛里克索斯很傷心，剝下了羊皮作為紀念。公羊雖然已經死了，可是羊皮卻依舊是金燦燦的，每一根羊毛依然都是純金的。

　　宙斯決定獎賞這隻捨己救人的公羊，把它升上了天空，成為白羊座。

白羊座

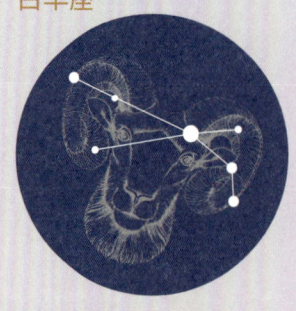

作為一個黃道星座，每年12月中旬晚上8、9點，白羊座就會出現在我們頭頂上。白羊座是一個較暗的小星座，座內 α 星的亮度為 2.01，β 星的為 2.64，它們組成了白羊座的兩隻羊角。每年秋冬季，白羊座最亮的三顆星組成了一個鈍角三角形，比較容易辨認。這個星座在天文學上有比較大的意義，在 2000 年之前，春分點就位於白羊座。

這裡所說的 α 星、β 星是沿用德國天文學家約翰‧拜耳於西元 1603 年制定的標注法，這套標注法將每個星座裡的亮星按亮度用希臘字母順序進行了標注：每個星座中最亮的星一般是 α 星，其次為 β 星、γ 星……，以此類推，這是當代廣為使用的一套標注法。本書在介紹星座中著名的亮星時也使用這種標注法。2.01、2.64 指的是視星等，即恆星在觀測者肉眼看來的亮度等級。視星等數值越小，星星的亮度越大。例如，滿月時月亮的視星等在 -12 左右，而理論上人類肉眼能夠看到的最暗的星星為 6 等星。

生活中很多人相信出生時生日所對應的星座與人的性格相關。白羊座的神話故事，似乎也與白羊座人的性格有些微妙的關聯：拯救海勒的那隻金羊忠誠善良，為了救人不惜犧牲自己，但是又有粗心、急躁的毛病，連海勒落海都沒發現。很多人說，這也正和白羊座的人一樣：心地善良、沒有心機，想法和動作一樣快，可是不太關心其他人的感受。還真的要以神話中的白羊為戒了。

據說，白羊座的人也像盜取金羊毛的阿爾戈英雄們一樣敢作敢當，幹勁十足，天不怕地不怕。可是，阿爾戈英雄們儘管個個都是英雄，但也很注重團隊合作，這也是容易急躁的白羊座需要學習、注意的。

3

一場金羊毛爭奪大戰

佛里克索斯在科爾喀斯受到了當地國王埃厄忒斯（Aeetes）的熱情接待，國王還把自己的女兒卡爾契俄珀（Chalciope）嫁給他為妻。佛里克索斯為了感謝國王，就把金羊毛作為禮物獻給他，埃厄忒斯又把它轉獻給戰神阿瑞斯（Ares）。

埃厄忒斯得到一條神諭，自己的生命跟金羊毛緊緊地聯繫在一起：金羊毛存則他存，金羊毛亡則他亡。因此，他不敢怠慢，命人把金羊毛釘在紀念阿瑞斯的聖林裡，又派一條火龍去看守，生怕被人偷走。

所以，那隻神奇公羊雖然死了，可是它的羊毛卻成了科爾喀斯的寶物。不僅如此，金羊毛的神奇漸漸傳到了海對岸的希臘，它成為「寶藏」的代名詞，無數英雄為之摩拳擦掌。終於，一個名叫伊亞森（Jason）的英雄決定要去奪取金羊毛。

伊亞森與金羊毛
貝特爾・托瓦爾森／1803 年／大理石／
高 240cm ／哥本哈根托瓦爾森博物館

伊亞森與美狄亞組畫之九
盧多維科・卡拉奇／1584 年／濕壁畫／義大利博洛尼亞法瓦宮

伊亞森帶領的這支隊伍大概可以看作是最古老的「復仇者聯盟」，伊亞森開啟了「金羊毛宇宙」，把眾多英雄的故事連成了一體。看看這支陣容豪華的探險隊：畫面右側肩扛大棒、手拿弓箭的是後來的大力神赫拉克勒斯，畫面中間偏左那個悠閒地拉著小提琴的是阿波羅（Apollo）的兒子奧菲斯（Orpheus）。這兩個人分別是其他神話故事裡的主角，現在他們都以配角的形式出現在這裡，因為他們和伊亞森一樣，都是凱隆（Chiron）的學生。隊伍中還有後來希臘第一勇士阿基里斯（Achilles）的父親珀琉斯（Peleus）。赫拉克勒斯、凱隆的故事我們將在本書後面慢慢講，他們都與一個或好幾個星座相關。

伊亞森本來是伊奧科斯（Iolcus）的王子，在他很小的時候，其父的王位就被叔叔珀利阿斯（Pelias）篡奪了。長大以後，伊亞森學了一身本事回到祖國，向叔父索取本該屬於自己的王位。珀利阿斯知道伊亞森厲害，不敢直接拒絕，就提出了一個苛刻的條件：如果伊亞森能夠從科爾喀斯取回金羊毛，證明自己是個當之無愧的英雄，他就心甘情願地把王位歸還伊亞森。伊亞森毫不猶豫地接受了叔父的挑戰，還找來自己的朋

友師兄弟們幫忙，組成一支史上陣容最豪華的探險隊向科爾喀斯進發。

從希臘到科爾喀斯，依次要跨越愛琴海、馬爾馬拉海和黑海，這條路上有些地方風急浪高，有些地方暗礁密布，還有些地方充滿各種妖魔鬼怪，這些英雄們需要一艘足夠結實的船。但是，困難是難不倒伊亞森和他的朋友們，在智慧女神雅典娜的幫助下，希臘最優秀的船匠阿爾戈（Argo）為他們造了一艘大船。這艘船使用了在海水中能永不腐爛的木料製成，船上雕樑畫棟，可以容納 50 名槳手。船一旦上岸又輕得可以被一個人輕易扛起、拎走。伊亞森他們把這艘船取名為阿爾戈號，意思是「輕快的船」。從此，船上這 50 名打著金羊毛主意的冒險家們，被統稱為阿爾戈號的英雄。

　　這件浮雕表現的就是建造阿爾戈號時的情景。左側坐著的女士是雅典娜，她在親自幫忙調整船帆；阿爾戈坐在右側的船尾，手上拿著工具還在繼續造船；中間那位是阿爾戈號上的英雄之一提費斯（Tiphys），他是負責掌舵的人。

建造阿爾戈號
西元 1 世紀／古羅馬陶土浮雕／63.5cm×55.88cm／發現於羅馬拉丁門附近，現藏於倫敦大英博物館

據說，阿爾戈號是希臘人駛出愛琴海的第一艘大船，它就是希臘人的「五月花號」。這個故事的本質和五月花號完全一樣，反映出西元前 10 世紀前後希臘人向黑海沿岸殖民、建立殖民城市的那段歷史。

阿爾戈號要從希臘的愛琴海進入黑海，就必須經過今天土耳其的達達尼爾海峽，這條海峽非常狹窄。據說，水道最窄的地方就夾在兩塊活動大岩石之間。這兩塊大岩石因為相距太近了，經常碰在一起，所以被稱為「撞岩」，而每當它們撞在一起時，都會把經過水道的船隻撞得粉碎。阿爾戈號能不能從「撞岩」中鑽過去？

阿爾戈號
洛倫佐・科斯塔／1500年／木板蛋彩畫／帕多瓦市立博物館

在進入「撞岩」前，英雄們決定先放一個「探測器」出去，這個探測器就是一隻鴿子。當鴿子飛過「撞岩」時，兩塊岩石彷彿有意識一般，立刻猛烈地撞了一下，不過鴿子飛得特別輕快，只被夾住一點尾毛就飛走了。英雄們趁著岩石撞完重新分開的機會，迅速跟在後面通過了這個危險區域。海神波塞頓（Poseidon）很欣賞這隻鴿子，把它升上了天空，變成天鴿座。

經歷許多磨難之後，阿爾戈號英雄們在眾神的幫助下來到了科爾喀斯，晉見國王埃厄忒斯。伊亞森拿著象徵和平的橄欖枝走進王宮，把來意原原本本地告訴了國王埃厄忒斯。埃厄忒斯當然不可能輕易就把金羊毛交給伊亞森，他給伊亞森出了兩道難題。

首先，他要伊亞森在黎明時駕著兩頭鼻子噴火的神牛去犁地，往地裡播種毒龍的牙齒。等毒龍的牙齒在傍晚長成兇惡的武士後，再殺

死所有的武士。

其次,伊亞森要想獲得金羊毛,那麼他就必須制服守衛金羊毛的毒龍。

這兩件事聽起來都是不可能完成的任務,可是報仇心切的伊亞森還是硬著頭皮答應了。正當眾英雄對能否完成任務一籌莫展之際,埃厄忒斯的另一個女兒美狄亞(Medea)忽然來訪。

美狄亞是科爾喀斯的公主,太陽神赫利奧斯(Helios)的孫女,懂得許多魔法,負責看守金羊毛。阿芙蘿黛蒂(Aphrodite)有心幫助伊亞森,施展法術讓美狄亞對伊亞森一見鍾情,不可自拔地愛上了他。

愛情果然使人盲目。美狄亞決定為了愛情不惜一切,哪怕出賣父親與祖國,監守自盜,也要和伊亞森在一起。她找到伊亞森,提出願意幫助他制服神牛、戰勝毒龍,奪取金羊毛,然後和伊亞森一起私奔。這可真是天上掉下來的餡餅,面對這樣人財兩得的好事,伊亞森當然一口就答應了。

美狄亞
伊芙琳・德・摩根/
時間不詳/
布面油畫/148cm×88cm/
英國伯肯黑德威廉姆森美術館

畫中的美狄亞手上拿著一個燒瓶模樣的器皿,這表示她是個掌握了魔法的女巫。

天上的愛與人間的愛
提香／1515 年／布面油畫／118cm×279cm／羅馬博爾蓋塞美術館

這是文藝復興時期威尼斯畫派大師提香的名作，一般被翻譯為〈天上的愛與人間的愛〉（或〈神聖的愛與世俗的愛〉Amor Sacro e Amor Profano），主題一直眾說紛紜。很多人都會討論畫面一左一右的兩位美女誰代表天上的「聖愛」、誰代表人間的「俗愛」。有人說裸女代表自然天性，是天上的聖愛；另一位少女卻用華美的衣飾來裝飾自己，是人間的俗愛。還有一種觀點認為，裸女神色輕佻，是人間肉慾的象徵；貴婦衣飾嚴整、神色肅穆，是不沾肉慾的天上聖愛。但事實上，關於這幅畫還有第三種說法：這是裸體的阿芙蘿黛蒂親自在誘惑美狄亞，說服美狄亞愛上伊亞森、幫助伊亞森的情景。

　　美狄亞先是給了伊亞森一種神奇的藥,伊亞森剛把神藥塗遍全身,立即就感覺到一股神奇的巨大力量充斥全身。他把剩下的藥塗在劍和盾牌上,輕而易舉地就制服了兩頭暴躁的神牛。他讓神牛套上沉重的軛和犁去犁地,自己則在後面播種毒龍的牙齒,順利完成了國王的第一個要求。

　　很快,一個個面目猙獰的武士從地裡「長」了出來,個個身披鎧甲。伊亞森與他們奮力廝殺,直到殺死了所有的武士。這讓國王很氣餒,他沒想到伊亞森的力量這麼強大,憤恨地瞪了伊亞森一眼,一言不發地離去。伊亞森判斷國王不會輕易把金羊毛交給他們,當晚就和美狄亞以及好朋友奧菲斯一起去偷金羊毛。奧菲斯用美妙的音樂哄睡了看

守金羊毛的毒龍（另一種說法，伊亞森用美狄亞給的毒藥毒死了看守金羊毛的火龍），伊亞森踩著毒龍的背從樹上摘下了金羊毛，然後飛快地奔到海邊上了船，和美狄亞一起啟程回國。

埃厄忒斯得知金羊毛被盜、伊亞森等人離開之後，立刻派大軍去追。率領追兵的就是美狄亞的弟弟，追兵很快就趕上了阿爾戈號眾英雄。正在大家擔憂之際，美狄亞竟然毫不留情地殺死了自己的弟弟，還把他肢解了扔進大海。她和伊亞森終於得以逃脫追兵，用這種殘忍、絕情的手段讓追兵忙於收屍，也讓父親傷心絕望。

天上的宙斯憐憫那條毒龍以身殉職，將它升上天空，成為天龍座。

金羊毛
赫伯特・詹姆斯・德雷珀／1904 年／畫布油畫／68.6cm×155cm／英國卡特賴特城堡美術館

這幅〈金羊毛〉表現了美狄亞最強硬的一刻。畫家在畫布上雄心勃勃地展現了最具戲劇性的一幕：美狄亞把弟弟扔進海裡，以阻止父親繼續派兵追捕。美狄亞居於畫面的中心位置，又因為是唯一身穿淺色服裝的人而成為絕對的視覺中心。她的弟弟正被人抬著準備扔進海裡，同時還留戀地抓住她的衣襟，彷彿在哀求。但是美狄亞目光堅定，動作硬朗，甚至連表情都有些猙獰，顯得無比堅定。若非畫家讓她袒露了半邊胸部，她簡直就像是一個男子，希臘神話中那些大名鼎鼎的英雄們都成了她的背景。這種著力表現女性的「英雄氣」正與當時女性逐漸覺醒、爭取平等權利的社會文化思想不謀而合。

4

最毒婦人心

　　伊亞森回到祖國，把金羊毛展示給叔叔珀利阿斯看，再次提出歸還王位的要求。珀利阿斯讓他奪取金羊毛只是個借刀殺人之計，從來沒想過伊亞森能夠成功歸來。現在，伊亞森居然真給做到了！他不想交出王位，只能死不認帳。

　　伊亞森沒想到自己忙了一場卻是這個結果。他是個英雄，有自己的道德底線，碰到這種沒有底線的無賴卻毫無辦法，只能自己生悶氣。可是，珀利阿斯忽視了一點：和伊亞森一起回來的美狄亞是一個狠角色。

　　想想看，美狄亞為了愛情背叛了自己的祖國，幫助伊亞森竊取了自己的國寶，幫助他對付父親，甚至在出逃的途中親手殺死了追趕他們的弟弟，這可是一個

伊亞森將金羊毛交給珀利阿斯
西元前 340—前 330 年／古希臘陶瓶畫／
高 45.7cm，直徑 39.6cm／巴黎羅浮宮

　　畫中的伊亞森手持金羊毛，站在珀利阿斯對面。在他的上方，勝利女神正要給他戴桂冠，慶賀勝利。

為了愛情什麼都能做的女人。伊亞森嚥得下那口氣，美狄亞卻嚥不下，她要幫愛人實現心願。

一天，美狄亞趁珀利阿斯的幾個女兒在樹林裡散步時，故意在她們面前用一口缽煮水。等缽裡的水燒開後，她牽來一隻又老又病的羊，一刀把羊殺死，切成碎塊放進缽裡煮，一邊煮一邊閉上眼且口中唸唸有詞，然後猛地掀開蓋子。奇蹟發生了，缽裡竟然跳出一隻活蹦亂跳的小羊羔！

伊亞森與美狄亞組畫之十八
盧多維科・卡拉奇／1584年／濕壁畫／義大利博洛尼亞法瓦宮

上圖中正是表現美狄亞與珀利阿斯三個女兒的「連環畫」。畫面左側2/3位置描繪的是美狄亞從缽中取出羊羔欺騙三個公主的情景；畫面右側1/3左右，以柱廊為區隔，能夠看見那三個連衣服都沒有換的公主正在殺死自己的父親。

珀利阿斯被他的女兒殺死
喬治・莫羅・特爾斯／1878年／布面油畫／261cm×207cm／私人收藏

　　珀利阿斯的女兒們被眼前的情景驚呆了。她們親眼看見了什麼？美狄亞讓一隻又老又病的羊「返老還童」了！她們立刻想起了自己已經年老力衰的父親，如果美狄亞能夠讓她們的父親也恢復青春與力量，這該有多好啊！她們去問美狄亞，她那口神奇的缽能不能把人也變年輕。美

狄亞給了她們肯定的答案，還故作大方地把自己的缽借給了這些天真的公主們。

　　這三個天真的公主高興極了，回去就趁父親熟睡之機，把他砍成了碎塊扔進了美狄亞那口缽裡煮。可是，不管煮了多久，都沒有一個年輕力壯的珀利阿斯從裡面走出來。這時，她們才知道自己上當了，但除了抱頭痛哭，什麼辦法都沒有！

　　天上的宙斯看到這一幕，被美狄亞的心腸和手段震驚了，他怕美狄亞再用這個魔缽去害人，便將它升到天界，成為巨爵座。

美狄亞
弗雷德里克‧桑迪斯／
1866－1868 年／
木板油畫／
61.2cm×45.6cm／
英國伯明罕博物館和藝術畫廊

藝術家們表現美狄亞時，總是強調她的陰狠。大家可以注意一下這幅畫中美狄亞面前的那個缽，它就是巨爵座的原型。

5

英雄的結局

　　按理說，美狄亞對伊亞森這麼一往情深，為了他什麼都能做，伊亞森應該和她白頭到老、永不分離了吧。事實情況並非如此。幾年之後，伊亞森移情別戀，美狄亞殘忍地報復了他之後出走了，只留給伊亞森一地屍體，讓他眾叛親離（具體故事將在「劇場篇」中詳細講述）。

　　經歷了這些的伊亞森再也沒有力氣去進行新的冒險，獲得新的名譽。在後面的日子裡，他只是終日神智昏昏地坐在花園裡，緬懷自己昔日的榮光。有一天，他午睡時被一塊墜落的木板砸中腦袋，就這麼平凡地、毫無榮譽地死去。

　　砸死他的那塊木板，正是從阿爾戈號上掉落下來的。英雄老去，連幫助英雄建功立業的船也老了。宙斯在天上看見這一切，嘆了口氣，把這艘見證了傳奇、也見證了傳奇落幕的船升上了天空，成為南船座。

美狄亞和伊亞森
約翰・威廉・瓦特豪斯／1907年／布面油畫／134cm×107cm／私人收藏

天舟座

當代的天空中已經沒有了天舟（舊名南船座）。它曾是全天最大的星座，幾乎占了星空的八分之一，正是因為太大了，1750 年法國天文學家尼古拉·路易·拉卡伊把它拆成了四個星座：船帆座（Vela）、船底座（Carina）、船尾座（Puppis）和船桅座。後來，因為人們設想阿爾戈號在航行中需要羅盤來導航，所以把船桅座改名為羅盤座（Pyxis）。雖然名字改了，但是星座的樣子仍然像一根桅杆。

船帆座

羅盤座
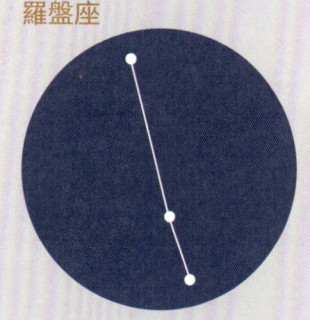

天舟座中最著名的星是現在位於船底座的 α 星，它是全天第二亮星。在希臘神話中，它對應特洛伊戰爭中梅內勞斯（Menelaus）和海倫（Hellen）的舵手卡諾帕斯（Canopus），在中國它被稱為老人星。

事實上，老人星還有個更響亮的名號：它就是中國人所說的福祿壽三星中的壽星。大部分地區的中國人很難見到這顆星，所以人們相信，有幸看到它的人是有福的，能健康長壽。

船尾座
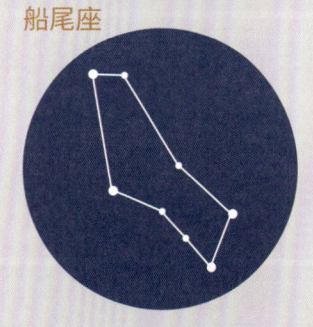

船底座
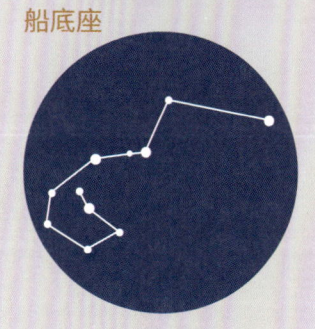

這顆星難以見到是因為它屬於南天星座，在北緯 37 度以北地區（大約在西寧—濟南一線）看不見。事實上，實際觀測時人們的視野會受到各種地理、氣象條件影響，只有北緯 35 度（大約在西安—鄭州—連雲港一

線）以南的地區才有見到它的可能。即使如此，現代廣東、廣西地區的人也難得能見到它。

　　有趣的是，希臘是個中高緯度國家，雅典的緯度和天津相似，即使是南部的克里特島（Crete）也在北緯 35 度以北，他們的神話中怎麼會有天舟座和這顆老人星的呢？這是存在歲差──「地球自轉軸的進動」的緣故。

　　據科學考察，3000 多年前，希臘所在的緯度是能夠看見完整的天舟座和老人星的。即使如此，古希臘人看到的天舟座也非常接近地平線，對於他們而言，那個星座就像遠遠飄在海天之際的一條船，所以叫它天舟座。3000 年過去了，天舟座就如同那些承載阿爾戈號英雄傳奇的故事，從當代希臘人的生活中飄遠，飄到了沉沉的夜幕之下。

天鴿座

天鴿座

　　天鴿座（Columba）位於天兔座之南，座內 α 星是顆 3 等星，和著名的亮星天狼星（大犬座 α）、南河三（小犬座 α）在一條直線上。在中國，除了哈爾濱以北地區，絕大部分地區都可以在 1—2 月份天剛黑時看見天鴿座（北緯 46 度以南可見）。但是，由於太陽系整體的運動方向，天鴿座正在離我們越來越遠。

天龍座

天龍座（Draco）是北天夜空中一年四季都可以看到的星座，它像一條彎彎曲曲的長龍，盤旋在大熊、小熊座和武仙座之間，所跨越的星空範圍很廣，在北半球四季可見。天龍座的最佳觀測月份為 7 月，那時人們從北極星向南，可以看到四顆星星組成的四邊形，那就是天龍座的龍頭，它長長的龍身也圍著北極星繞了半圈。

天龍座 α 位於龍尾，只是一顆 4 等星，雖然並不是星座中最亮的星，但是它的地位卻非常重要：4000 年前，這顆星才是當時的「北極星」。傳說，埃及的胡夫金字塔下有一條百米長的隧道，它的方向就對著天龍座 α。

天龍座

巨爵座

巨爵座（Crateris）是黃道帶最暗的星座，其中的 4 顆最亮的星都只是 4 等星，構成一個不規則的四邊形，像一個缽。除了北極熊和一小部分因紐特人，這個星座幾乎全球可見。這個星座的最佳觀測時間是每年春天，它與星空中著名的春季大三角構成了一個四邊形。

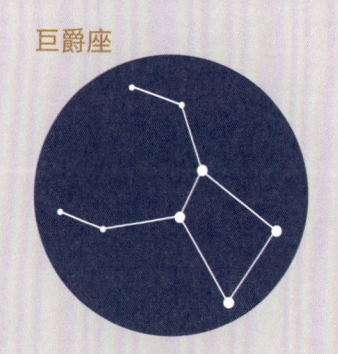

巨爵座

羊毛不是誰都能拔的 白羊座

035

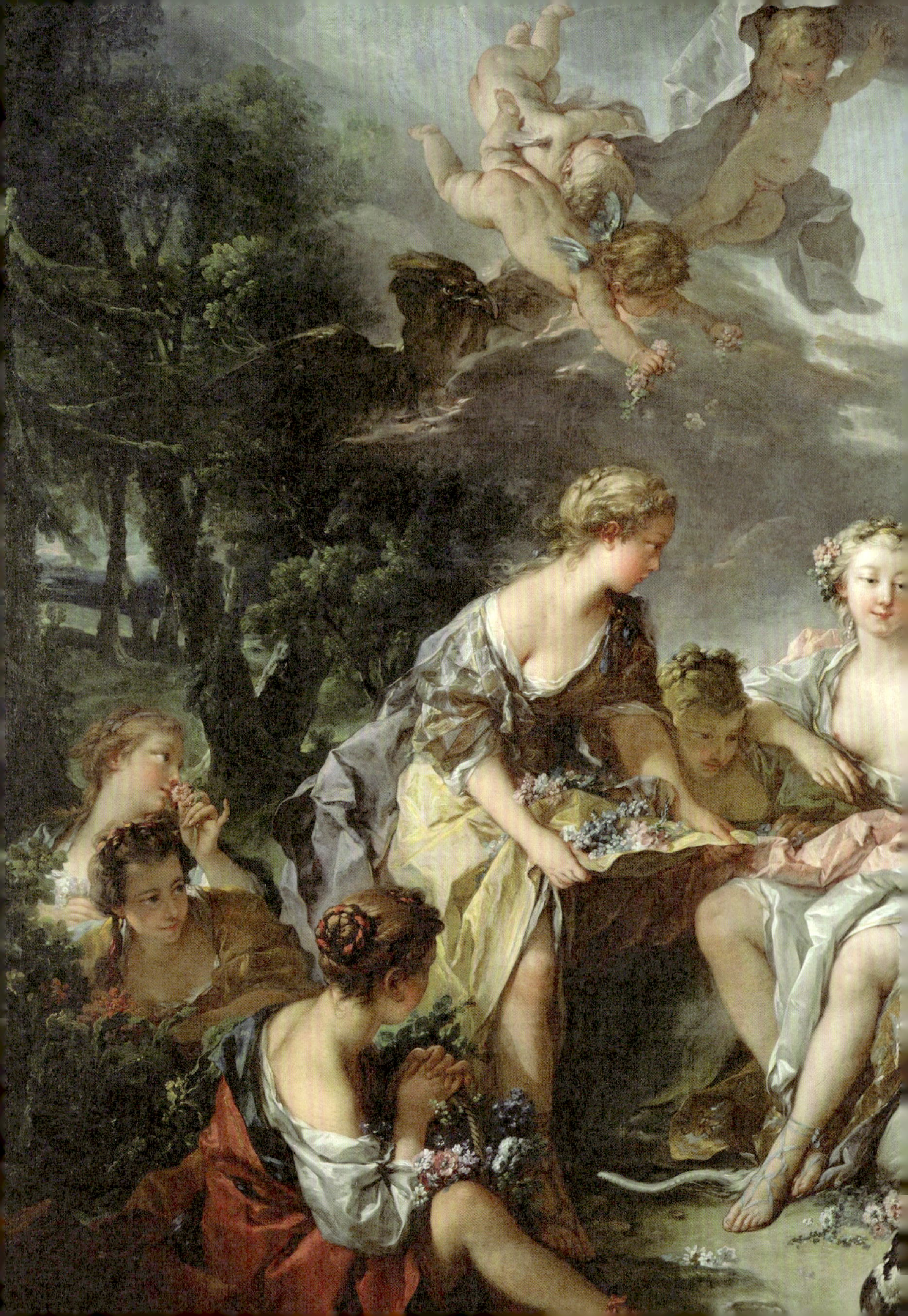

Chapter 2

細節決定生死

金牛座

Taurus

1

劫持歐羅巴

還記得白羊座故事中的那個惡毒繼母伊諾嗎？她與金牛座傳說的第一個版本還有一絲八竿子打得著的淵源。伊諾的父親名叫卡德莫斯（Cadmus），原本是地中海東岸腓尼基（Phoenicia，大約相當於現在的黎巴嫩和敘利亞的沿海地區）的王子，後來成了希臘一個王國的奠基人。

一切都好好的，卡德莫斯為什麼要漂洋過海地來到希臘建立國家呢？他的初衷不是開疆拓土的雄心壯志，而是尋找自己那個莫名其妙被一頭公牛拐跑了的妹妹，這個妹妹的名字叫作歐羅巴（Europa）。

某天，歐羅巴在海邊遊玩時看見一頭全身純白的公牛，一時好奇騎了上去，卻沒想到這頭公牛立刻拔腳狂奔，踏波排浪地飛馳過茫茫大海，把她帶到一片陌生的土地上之後才露出自己的真容——眾神之王宙斯。

宙斯對這一次獵豔之舉十分得意，後來還把自己的這個化身也拎到了天空，成為金牛座。

卡德莫斯為了尋找被宙斯帶走的歐羅巴，一路找到了希臘。並得到了雅典娜的指點，殺死巨龍之後，把龍牙種進土地，看著50個武士從地裡「長出來」。這和伊亞森在科爾喀斯遇到的幾乎一樣。不同的是，卡德莫斯並沒有把這些武士全部殺死，而是看著這些武士進行激烈的自

相殘殺,直到最後剩下 5 個最傑出的。他帶著這 5 個龍牙武士建立了一個非常強大的希臘城邦——底比斯(Thebes)。

後來,卡德莫斯娶了戰神阿瑞斯和美神阿芙蘿黛蒂的女兒哈耳摩尼亞(Harmonia)為妻,他們生了 4 個女兒,伊諾就是其中之一。

誘拐歐羅巴
佚名／1550—1599 年／布面油畫／31cm×84cm／阿姆斯特丹荷蘭國家博物館

上圖「誘拐歐羅巴」是西方繪畫中一個常見的題材,從文藝復興時期開始,許多名家都創作過相關作品。縱觀這些作品,也就能看到不同時代美術追求的沿革和變化。這幅文藝復興時期的〈誘拐歐羅巴〉並不是同時代最著名的那個,卻也鮮明地體現出文藝復興時期美術的特點:人物是絕對的主體。在這幅作品中,畫家讓歐羅巴驚慌地坐在牛背上回顧同伴,用她身體的扭轉來表現她的拒絕,又用她緊緊抓住牛角的雙手來表現她的依戀。在形式上,歐羅巴驚恐的神情與左側呼天搶地的同伴和右側狡黠的白牛都形成了微妙的呼應關係。這正是文藝復興時期藝術家的創作特點:把人物置於戲劇性的場景中,藉由人物的動作、神情表現來凸顯人物的個性,從而體現畫家對人性的理解,這正是理解人、尊重人的人文主義精神的反映。

誘拐歐羅巴

法蘭索瓦・布雪／1747 年／布面油畫／160.5cm×198cm ／巴黎羅浮宮

在 18 世紀洛可可藝術的代表人物布雪的〈誘拐歐羅巴〉中，歐羅巴和白牛雖然也被擺放在畫面的中央，但他們的主體地位都不彰顯。畫面上雖然人物眾多，但所描繪的場景卻失去了戲劇張力，畫家表現的重點是宙斯誘拐歐羅巴時周圍歡樂的氛圍。在那個時代的作品中，「趣味」的重要性遠遠超過了「個性」，這種差異不僅是兩位畫家的，也是兩個時代美學追求的差異。

卡德莫斯

亨德里克・霍爾奇烏斯／1573—1617 年／布面油畫／189cm×248cm／哥本哈根丹麥國家美術館

眾所周知，西方所說的「龍」與中國人熟悉的「龍」在性格與形貌上都有很大差異。可是，仔細看這幅畫中那條與卡德莫斯對陣的龍，它有著西方龍的身軀，卻又有著中國龍的頭顱和面龐。其實，文藝復興時期的東西方之間文化交流並不隔絕，隨著大量中國瓷器進入歐洲，瓷器上的各種紋樣，例如牡丹、祥雲，甚至中國仕女形象也都慢慢進入歐洲的上層社會，不知道這龍的形象是不是也受到了瓷器圖案的影響。

歐羅巴與卡德莫斯的「文化影響」

希臘神話中，宙斯把歐羅巴登陸的那片地方命名為歐羅巴，也就是現在中文翻譯的「歐洲」。但神話也說明，歐羅巴被帶到的那片陌生地方並非歐洲大陸，而是希臘南部的克里特島。這樣的神話彷彿在向世人宣告：歐洲文明始於克里特島。

無獨有偶，當代歷史學家也的確在克里特島挖掘出了歐洲最古老的文明遺跡。

克里特文明始於西元前 2850 年左右，在西元前 1450 年斷絕，是目前發現的愛琴海地區青銅時代最古老的文明遺跡。此後，愛琴海文明中心轉移到了伯羅奔尼撒半島上的城邦邁錫尼（Mycenaen）。邁錫尼文明與克里特文明十分相似，大約在西元前 1600 年立國，到西元前 1200 年左右衰落。此後，古希臘文明沉入了一個被稱為黑暗時期的時代，那也是《荷馬史詩》中特洛伊戰爭發生的時代。

為什麼把那段時間叫作黑暗時代呢？因為至今沒有發現屬於那段時間的文字資訊，而在克里特文明和邁錫尼文明的遺址中，人們都發現了文字，分別被稱為線形文字 A 和線形文字 B。不僅如此，邁錫尼的線形

線形文字 A 與線形文字 B

文字B已經被破譯了出來。有趣的是，古代希臘人用的線形文字竟然和中文很相似，不僅有明顯的象形特徵，還有偏旁部首。只是，這種古希臘的文字很早就失傳了。等到走過黑暗時代，希臘文化在西元前800年後再度繁榮起來時，古希臘人已經開始使用一種完全不一樣的文字了：不再是象形文字，而是一種拼音文字。

拼音文字的發明者正是腓尼基人。大約從西元前1500年開始，腓尼基人在兩河流域的楔形文字基礎上發明了腓尼基字母。這種字母幾乎是所有現代拼音文字共同的祖先，現代人使用的拉丁字母、阿拉伯字母、希伯來字母都可以追溯到它。古希臘人在西元前9世紀開始使用腓尼基字母。但是，腓尼基字母只有輔音，而希臘語相較腓尼基語更加鏗鏘多變，所以古希臘人在腓尼基字母的基礎上增加了母音，慢慢發展出了自己的希臘字母。希臘字母是世界上第一個有母音的字母，現代的俄語以及其他使用西里爾字母的語言的字母都是直接從希臘字母發展而來。

有趣的是，由於當時的希臘人是在蠟板上書寫文字的，通常先從右往左寫，寫完一行之後經常會在下一行接著從左往右寫。用這種方式書寫的古希臘人如果學會了中文，一定會對中國的回文詩感到很親切。

已破譯線形文字B舉例

男人

女人

黃金

鹿

馬

狼

在那失落的 400 年黑暗時代，是誰把這些腓尼基字母帶入了希臘，進而取代了古希臘人原本的象形文字？這段真實的歷史已經沉入暗暗黑夜無可追尋，不過，神話中倒是有個答案。原來那個改變了希臘文化史、甚至世界文化史的人，正是到希臘來找妹妹的腓尼基王子卡德莫斯。

　　希臘語的第一個字母是 α，最後一個字母是 Ω，所以西方人經常用「從 α 到 Ω」來表示從最初到最終的意思，相當於英文的「從 A 到 Z」。希臘神話中卡德莫斯的人生始於尋找妹妹，終於建立王國；他的這條從 α 到 Ω 之路，真是別開生面。文化上，他的尋找之旅竟然帶來了地中海東岸的拼音文字，從而一舉改變了希臘甚至整個歐洲的語言文字版圖，這結果也真是一個了不起的「Ω」。

　　希臘神話中的卡德莫斯值得擔起一個「幕後大 BOSS」的名號，雖然他聲名不顯，不像伊亞森等人那樣赫赫揚揚，可是經他傳入的希臘字母至今還在「折磨」著無數學子。

　　直到現在，數學、物理、化學、生物、天文等學科裡仍舊充斥著希臘字母符號。例如小學數學中的 π，初中物理中的 ρ，高中三角函數中最常見的 α、β……，還有更多的在大學裡等著呢！就算你是學文科的，也還有時尚界的 Ω 在誘惑著你。這套逃不開的體系，都和金牛座有著千絲萬縷的聯繫。

腓尼基字母

2

希臘文明的曙光

金牛座傳說的第二個版本，也與歐羅巴有關。不過，這個故事裡的主角不是誘拐了歐羅巴的宙斯，而是歐羅巴的兒子。在希臘神話故事中，歐羅巴被宙斯帶到克里特島之後，生下了三個兒子。漸漸地，克里特島成為希臘眾城邦中最強大的一個。但是，王冠該交給哪一個兒子呢？

歐羅巴的三個兒子中，有一個名叫米諾斯（Minos），他一心要和自己的兄弟爭奪王位，不惜一切代價。為此，他請求海神波塞頓支持他。大海聽到了他的求助，海面上緩緩浮起了一頭美麗的白色公牛，這表示海神波塞頓答應了他的請求。但是，波塞頓有一個條件：米諾斯成功後必須把這頭牛重新獻祭給大海。這頭白牛相當於是波塞頓給米諾斯的信用抵押，一旦波塞頓兌現了承諾，米諾斯就應該把這頭白牛還回去。

波塞頓果真兌現了承諾，幫助米諾斯當上了國王。可是米諾斯當上國王之後卻越看這白牛越喜愛，捨不得還回去了。可能現代人不能理解，因為在古代白色公牛是非常珍稀的，否則也不會有腓尼基公主被一頭白牛拐跑的事情發生。想像一下全球限量版超跑、獨家訂製版手提包，大概就能理解一頭白牛對當時的米諾斯有多大誘惑力了。

在獻祭波塞頓的時候，米諾斯自作聰明地使了一招偷樑換柱，悄悄留下了白牛，用一頭普通的公牛來糊弄海神。波塞頓豈是能隨便糊弄的？海神很生氣，後果很嚴重。波塞頓對這個不講信用的米諾斯施加了一種惡毒的報復：他讓米諾斯的王后帕西法厄（Pasithae）不可自拔地、瘋狂地、不顧一切地愛上了那頭白牛！

戴達洛斯與帕西法厄
讓・勒梅爾／17 世紀／布面油畫／115cm×141cm／法國阿讓美術館

在這幅作品中，白牛的體型幾乎比成年人還高大，這違背自然規律的體型暗示了白牛不凡的身分。王后帕西法厄倚靠在白牛身邊，那姿勢神情很像是倚靠在情人身上。畫面右側那個忙著打造木牛的人正是戴達洛斯，關於他的一些故事稍後將詳細講述。

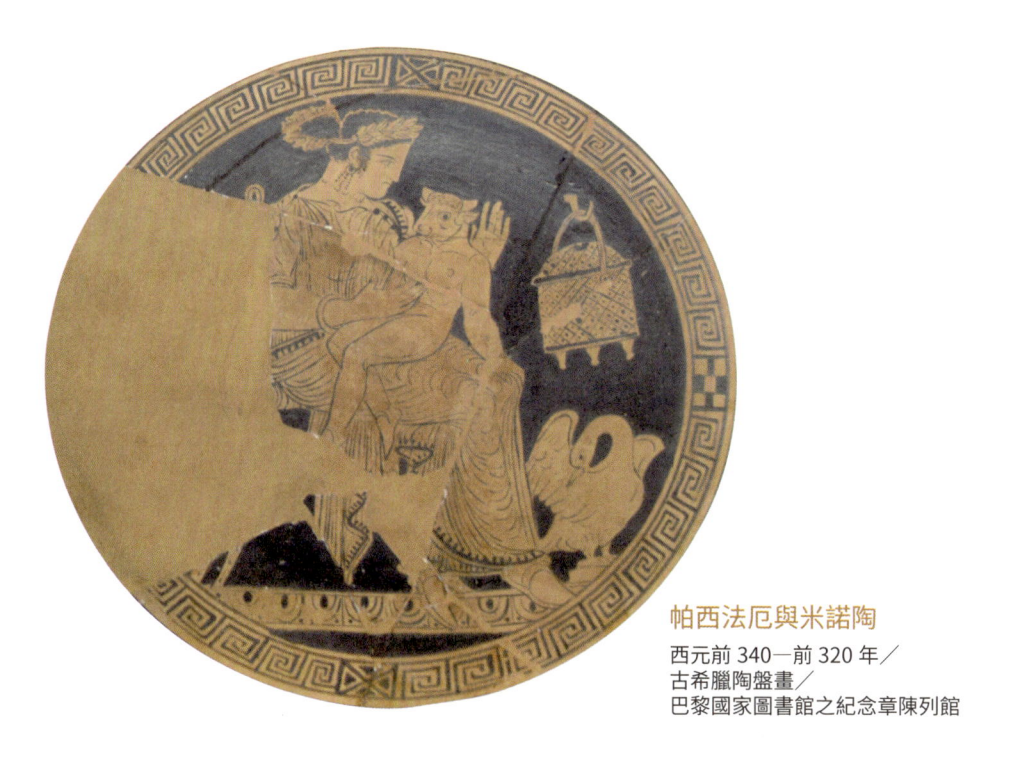

帕西法厄與米諾陶
西元前 340—前 320 年／
古希臘陶盤畫／
巴黎國家圖書館之紀念章陳列館

王后的懷裡坐著一個牛首人身的孩子，這情形讓人感受到的是無條件的母愛，還是莫名的恐怖？不過，這件陶盤畫作品倒是反映出一個普遍現象：在母親的心中，再醜陋再差勁的孩子仍是自己的心肝寶貝，是世間獨一無二的珍寶。

　　帕西法厄在海神的迷惑下被一頭白牛迷得神魂顛倒，整日裡求之不得、輾轉反側，最後乾脆一狠心，找來全希臘最著名的能工巧匠戴達洛斯（Daedalus），讓他用木頭造了一頭栩栩如生的木牛，自己又鑽進木牛裡⋯⋯。不久，帕西法厄生下了一個牛首人身的怪物，名叫米諾陶（Minotaur，也被譯為米諾陶洛斯）。

　　可惜，那只是對母親而言。對於克里特島的其他人來說，這米諾陶就是城邦的一大禍害！它不僅相貌醜陋還力大無窮，不僅力大無窮還兇殘成性，不僅兇殘成性還專吃人肉！

隨著米諾陶一點點長大，它的凶性展露無遺，克里特島的人再也受不了這個怪物了，卻偏偏這怪物強壯無比，沒人能夠對付。米諾斯對他也毫無辦法，想來想去，只好再找戴達洛斯幫忙，請他建造了一個迷宮，把米諾陶關進了迷宮。

執扇仕女圖軸

（清）羅聘（揚州八怪之一）／紙本墨筆／55cm×29.5cm／旅順博物館

很多中國畫家畫美人時會讓美人背對觀者，這樣的構圖不僅能烘托美人的孤獨落寞，還能讓觀者發揮自己的審美想像，去想像美人的絕世美麗——畢竟，世界上沒有一種美麗能夠比得上人們的想像。可是，這種想像卻有一個奇特的地方：人們會用想像無限放大那些看不見的美麗；但對看不見的醜陋，人們不僅很少同樣用想像將它放大，反倒常常會因為沒有親眼見過，而自動在內心將它忽視。彷彿人的內心有一個「自動美化」機制，這大概也是「人之初，性本善」的一種反映吧。

牛頭怪米諾陶

喬治・弗雷德里克・瓦特／1885 年／布面油畫／118.1cm×94.5cm／倫敦泰特現代美術館

圖中的牛頭怪米諾陶給人的感覺還是恐怖、血腥、猙獰嗎？恐怕大多數人的第一感受並非如此。相反，這個米諾陶給人的感覺是孤獨、落寞、憂傷。畫家描繪了一個米諾陶的孤獨背影，竟然能讓觀者隱隱地心生憐憫。細想，米諾陶也是個悲劇角色：長得醜、長得怪不是牠的錯，天生不吃素也不是他的錯。他的一切可怕之處都是天性使然，可是人類卻因他對自己的傷害把他打入「惡」的範疇，囚禁在茫茫大海上的孤島迷宮裡。米諾陶這個悲傷的背影暗含著畫家的同情，如果再延伸一步，這種同情能夠引出更深刻的反思：人類劃分的「善惡」標準其實是以對自己的「利弊」為尺度的，骨子裡是功利的。

米諾斯迷宮始末

　　《荷馬史詩》和一些其他希臘神話故事都記述了克里特島上的米諾斯迷宮，它到底是神話傳說，還是如特洛伊一樣是一段真實的歷史？19世紀末，英國考古學家亞瑟・埃文斯來到克里特島考古，尋找這個問題的真相。經過一段時間的文物收集和研究，他提出了希臘文明源於克里特島的說法。1899年，埃文斯向希臘政府購買了克里特島的大片土地，開始大規模的發掘考古工作。第二年（即1900年），一座古希臘時期巨型宮殿的牆基破土而出，重新出現在世人面前。這座王宮坐落在一個山坡上，依山起伏，共有1500多間宮室，分為4個宮苑，每個宮苑都有一個長方形的庭院。其中有一個宮苑與其他3個都不同，那裡面的每個宮室都以長廊、門廳、暗道、階梯相連，曲巷暗堂、千迴百轉、撲朔迷離，簡直就是一座名副其實的迷宮。別說外人，恐怕連當時居住其中的人都難以自如出入。人們相信，這就是希臘神話傳說中的米諾斯迷宮。

米諾斯王宮復原圖

諸神的星空
050

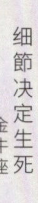

1 戴百合的王子
2 藍衣貴婦
3 百合

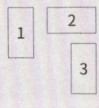

西元前 1600—前 1450 年／濕壁畫／出土於克里特島米諾斯宮，現藏於伊拉克赫拉克利翁考古博物館

現在，人們把在克里特島上發現的大型古代宮殿遺址稱為米諾斯宮。

考古學者在米諾斯宮的牆壁上發現了許多精美的壁畫。壁畫中植物和動物形象生動，人物形象則呈現出正面側身律法：側面的人物臉上卻出現正面的眼睛和眉毛。可見，克里特文化深受埃及的影響。但克里特宮壁畫中的人物也反映了愛琴海文明與古埃及不同的審美趣味。米諾斯宮壁畫中的男女都有著令人驚訝的細腰。尤其是女性形象，白膚、黑髮、大眼、細腰，人類學家還可以從中探討古代希臘人種的特徵。壁畫中的一些女郎無論是服裝、髮型還是妝容都顯得無比「時尚」，被人戲稱為「巴黎女郎」。

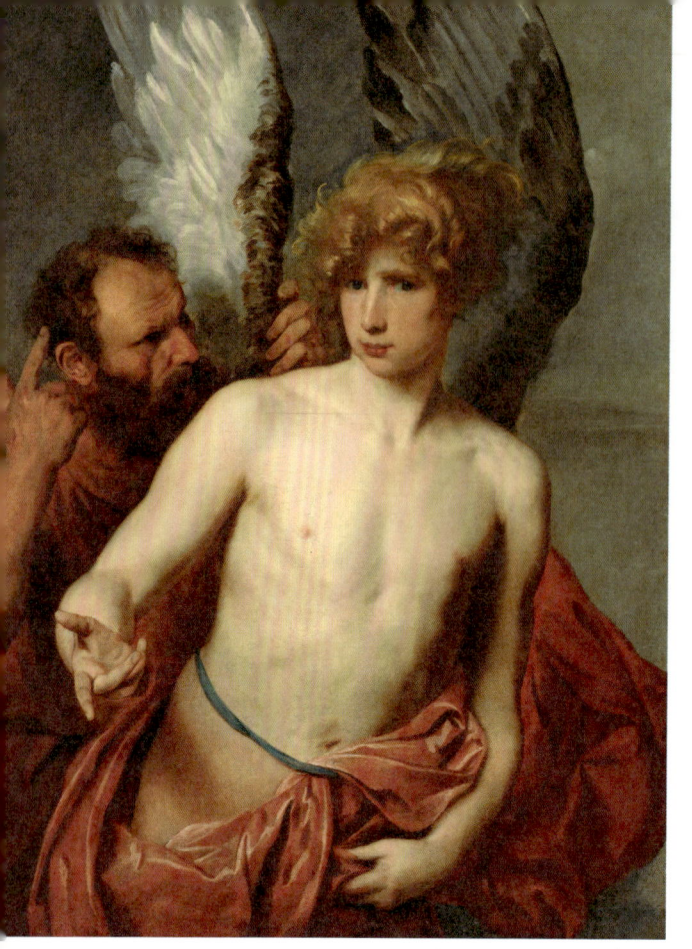

戴達洛斯與伊卡洛斯

安東尼・范戴克／1620年／
布面油畫／115.3cm×86.4cm／
多倫多安大略美術館

戴達洛斯來自雅典，是那個時代最著名的工程師兼發明家。他帶著兒子伊卡洛斯（Icarus）一起設計並建造了迷宮，把米諾陶關了進去。這個迷宮彎彎繞繞、複雜無比，連戴達洛斯自己都幾乎走不出去。

米諾斯對這個迷宮非常滿意，可是他卻有一個擔心：萬一戴達洛斯把迷宮的路線洩露出去怎麼辦？這麼一想，米諾斯乾脆把戴達洛斯和伊卡洛斯也關進了迷宮，並在門口安排了守衛，不讓他們父子出來，想用這個辦法讓迷宮的祕密永遠被埋葬。

戴達洛斯知道迷宮門口有重兵把守，自己是不可能走出去的，但是他早有防範：這迷宮沒有封頂，他們可以從這裡飛出去！戴達洛斯搜集了無數飛鳥的羽毛，用它們做成了兩對大翅膀，再用蠟把翅膀黏在自己的肋下，在一個風和日麗的日子裡，與兒子雙雙飛上了天空，飛向自由的家鄉。

人類一直都有個飛天的夢想，伊卡洛斯沒有想到父親竟然真的做到了。戴達洛斯叮囑伊卡洛斯：飛起來之後，一定要掌握好飛行的高度。他們不能飛得太低，否則海浪會打濕翅膀，讓他們墜入大海；但也不能飛得太高，因為太接近太陽，日光會把蠟融化。

雖然告誡錚錚言猶在耳，可是一旦像自由的鳥兒、萬能的天神一樣飛上天空，巨大的興奮讓伊卡洛斯把父親的叮囑拋到九霄雲外。他像所有第一次得到新玩具的孩子一樣，沉迷其中不能自拔，忘了一切，忘了危險。他越飛越高，離太陽越來越近。

人類總是希望能夠抵達太陽的高度，但也為此付出了無數慘痛的代價。古希臘推崇德爾斐神廟前給人類的箴言「凡事勿過度」，因為當人類太想獲得成功、榮耀的時候，也許就是墜落的開始。伊卡洛斯忘記了這句箴言，更忘記了支撐起自己不斷攀升的不過是「軟弱」的蠟，他在人生最美妙的剎那從空中墜落了下來，一頭栽進了大海。

伊卡洛斯墜落
雅各・彼得・格維／1636—1638 年／布面油畫／195cm×180cm／馬德里普拉多博物館

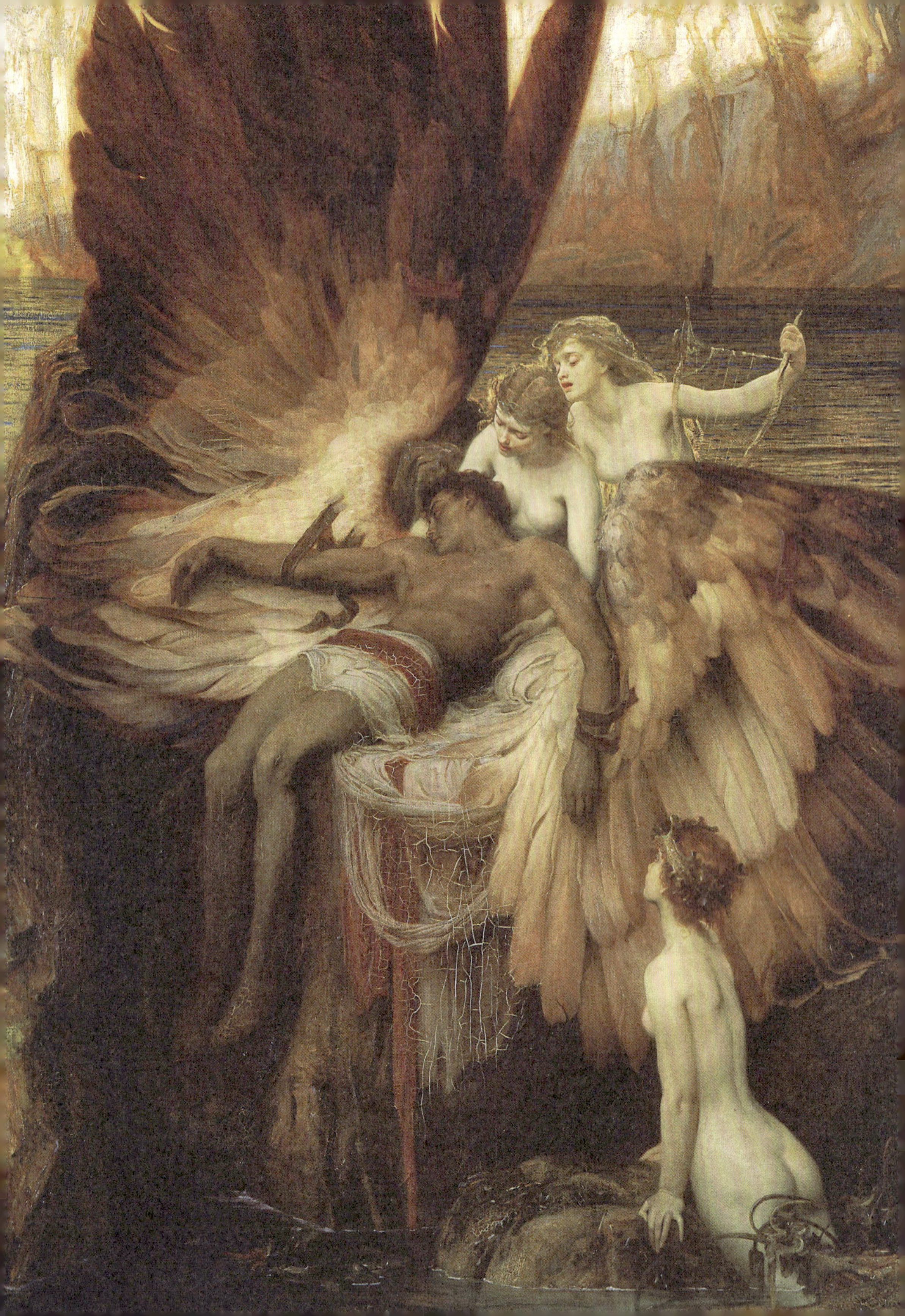

兩種伊卡洛斯的墜落
哀悼伊卡洛斯
赫伯特・詹姆斯・德雷珀／1898年／布面油畫／182.9cm×155.6cm／倫敦泰特現代美術館

　　英國畫家德雷珀的這幅作品總會讓我聯想起《紅樓夢》中賈寶玉的話：「……我此時若果有造化，趁著你們都在眼前，我就死了，再能夠你們哭我的眼淚，流成大河，把我的屍首漂起來，送到那鴉雀不到的幽僻去處，隨風化了。」

　　賈寶玉心目中最理想的結局就是這幅畫中的伊卡洛斯吧：他得到了眾多海仙女的眼淚。

　　畫家因何讓海仙女為伊卡洛斯落淚？因為這個故事可以被視為一曲天才隕落的悲歌：伊卡洛斯像一個因為不斷追求理想而隕落的天才。造成他疏忽的是好奇與探索精神，足以令世人激賞。歌德在《浮士德》中精心塑造過一個完美的少年歐福良，他酷愛自由、不斷向高空飛去，最終不幸墜落身亡，幾乎就是伊卡洛斯的翻版。

　　但是，也有人從這個故事中讀出了不一樣的內涵，創作出完全不同的作品。

無人在意伊卡洛斯的墜落
小彼得・布勒哲爾／1590－1595 年／木板油畫／63cm×90cm／比利時布魯塞爾范布倫博物館

　　小彼得・布勒哲爾的這幅畫也常常讓我聯想起另一部文學名著的片段：「第一張畫的是：在波濤洶湧的大海上空，烏雲低低地翻滾著，遠處一片黑暗，前景也是這樣，或者不如說最前面的巨浪也是這樣，因為沒有陸地。一線亮光把半沉的桅杆襯托出來。桅杆上棲息著一隻鸕鶿，又大又黑，羽翼上濺著點點浪花。它嘴裡銜著一只鑲寶石的金鐲。這我盡可能用我調色板上最鮮明的顏色來畫，而且盡我畫筆可能畫得閃爍而清楚。碧波中隱隱約約可以看見一具淹死的屍體正在鳥兒和桅杆下面往下沉。一條美麗的胳臂是唯一看得清楚的肢體，金鐲就是從那被水沖走或給鳥兒啄下來的。」

局部一：海依舊清澈，岸邊農人依舊悠閒。

局部二：沒有人注意到一個少年正在水中掙扎求活。

　　這是《簡・愛》第十三章中的一段話，是簡・愛與羅徹斯特第一次正式見面時給他展示的第一幅畫。我常常覺得，夏洛蒂・勃朗特對這幅畫的描述就是參考了這幅〈無人在意伊卡洛斯的墜落〉。

　　在小彼得・布勒哲爾的筆下，伊卡洛斯的死沒有引起任何波瀾。天依舊藍，海依舊清澈，岸邊農人依舊悠閒，就連海中的船隻也依舊平靜，整幅作品有著中國山水畫一般詩意的寧靜：沒有人注意到一個少年正在水中掙扎求活。無人在意他的生死，他對這個世界來說只是一個可有可無的小角色，這個世界任他自生自滅。勃朗特大概就是在借這幅畫的意境表達身世、樣貌、才能都平平無奇的簡・愛心中那淡淡的自傷。

3

求子得子，求仁得仁

建迷宮困住米諾陶之後，怎麼解決米諾陶要吃飯的問題呢？

多年前，米諾斯和自己與王后生的兒子安德羅紀歐（Androgeos）去雅典參加競技會，在那裡大顯神威，幾乎在每個項目中都大獲全勝，這讓雅典國王埃勾斯（Aegeus）非常嫉妒。埃勾斯騙安德羅紀歐去捕捉長期在雅典附近的馬拉松（Marathon）地區蹂躪莊稼的野牛，說那樣做能讓安德羅紀歐得到更高的榮耀。他本來是想讓安德羅紀歐吃點苦、丟點臉，沒想到安德羅紀歐卻被野牛咬死了。這下子米諾斯憤怒至極，他認定了埃勾斯故意謀殺自己的兒子，一氣之下向宙斯祈禱，要父親降災難於雅典，為自己的兒子報仇。宙斯答應了他的請求，降下災難，讓雅典人苦不堪言（另一種說法是米諾斯發兵攻打雅典）。雅典人無奈只好向米諾斯求和，米諾斯便提出了一個慘無人道的條件：每九年，送七對童男童女到克里特島去。

人人都知道，克里特島的米諾斯迷宮裡關著一個吃人的怪物，米諾斯索要這些童男童女的目的不言自明。可是，雅典人沒有辦法，只能忍氣吞聲地答應了。

第一次進貢，第二次進貢，來自雅典的童男童女都被關進了牛頭怪米諾陶居住的迷宮，再也沒有走出來。眼看第三次進貢的時候就要到了，當雅典眾人按照傳統習慣，以抽籤的方式決定選誰去克里特島「進

貢」時，他們的王子忒修斯主動站了出來，當眾表示自己願意帶領中籤的童男童女前往克里特島，會一會米諾斯。

忒修斯為什麼要這麼做？

這和忒修斯的奇特生平有關。很多年前，埃勾斯得罪了愛神阿芙蘿黛蒂，以至於他娶了兩任妻子都沒能有一個孩子。時間長了，埃勾斯為後嗣問題困擾，就前往希臘地區最著名的德爾斐神廟請求神諭。在那裡，皮提亞（Pythi，德爾斐神廟的女祭司）給了他一個高深莫測的回答：「在到達雅典最高處之前，即使見到最好的人也不能解開酒囊的口，否則你將死於悲傷。」

埃勾斯與皮提亞
西元前 440—前 430 年／古希臘陶盤畫／
高 12.5cm，直徑 32cm／柏林舊博物館

這個陶盤畫可以算是德爾斐女祭司標準的「工作照」：她坐在高高的三腳凳上，一手拿著月桂枝，一手托著一個水盤，她和正在問詢的埃勾斯被分隔在兩邊。按照流程，皮提亞並不直接與問詢者面對面，她們待在密室裡，先咀嚼月桂樹葉，再喝下聖水，然後坐上一個高高的三腳凳和神溝通，呢喃出一些寓意朦朧的話。這時，旁邊的助手就會把她的話記下來，交給密室外求神諭的人。

德爾斐神廟與皮提亞

　　德爾斐是古希臘人心裡版圖中的「地球的肚臍」——大地的中心，本身就具有神性。

　　德爾斐原本是毒蛇培冬（Python）盤踞的地方，這條巨蛇在阿波羅還是孩子時曾經奉赫拉之命一再騷擾他的母親勒托（Leto），阿波羅長大後射殺了這條毒蛇。據說，這條蛇被殺後，腐爛的身軀釋放出一種奇特的氣體，可以引人迷狂的境地。阿波羅把這條巨蛇埋在德爾斐神廟底下，那種氣體可以從神廟地板上一個特殊的岩縫滲出來。女祭司把一個高高的三腳凳放在那個岩縫上

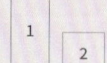

1 德爾斐女祭司（皮提亞）
約翰・科利爾／1891 年／
布面油畫／160cm×80cm／
雪梨南澳大利亞藝術館

2 德爾斐的三足鼎和皮提亞
西元前 360—前 320 年／
古希臘陶瓶畫／
直徑 52.5cm，高 56.5cm／
倫敦大英博物館

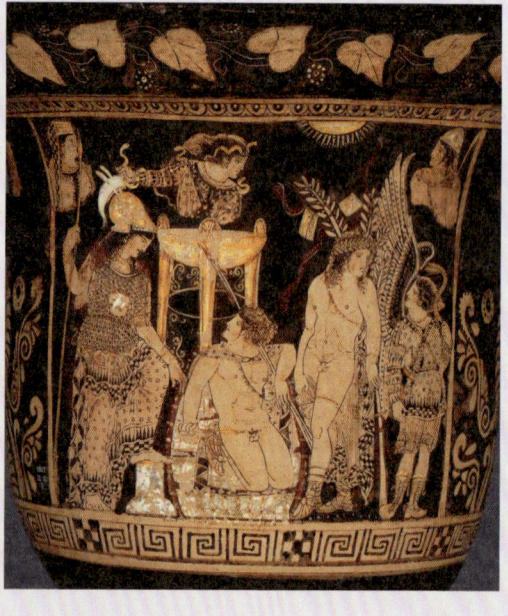

方,坐在凳上,吸入這種具有麻醉功能的氣體,就能進入迷狂的狀態和神靈溝通。因為女祭司的能力源自毒蛇培冬,所以她們被稱為皮提亞。

三腳凳、岩縫、氣體、女祭司,左圖再現了德爾斐神諭的產生過程。在右圖的陶瓶畫中,在皮提亞的身邊還有兩名男性祭司在輔助她工作。

皮提亞是代替神說出預言的人,所以起先只由年輕的處女擔任,寓意著神的意志的「純潔」。可是有年輕美麗的皮提亞被人擄掠的事情發生,所以後來就全由 50 歲以上的老婦人擔任。儘管如此,很多畫家還是願意把皮提亞畫成年輕美麗的少女形象。

德爾斐遺址

德爾斐神廟最初供奉的是地母蓋亞(Gaea),阿波羅殺死培冬後就把那裡變成了自己的神廟,所以阿波羅又成為掌握預言能力的神。不過,古代去德爾斐神廟祈求預言的儀式非常複雜,信徒們在好幾里外就必須步行進入神廟區,在一個指定的山泉清洗自己,然後把自己帶來的祭品敬獻給神。但是,做完這些之後,他們也不一定能順利見到德爾斐女祭司,而是要等候「神的意旨」,神會指點皮提亞是否接見、回答他們的問題。

德爾斐神廟的神諭是古代希臘歷史上時間最持久、影響力最大的神諭,在古希臘人真實的社會生活中享有巨大的聲譽。在西元前 6 至前 5 世紀,就連是否要與別國開戰這樣的軍國大事,國王們都會去德爾斐神廟請求神諭。西元前 373 年,由於一場地震嚴重地破壞了神廟,岩縫裡不再釋放具有迷幻效果的氣體,德爾斐的影響力開始衰落。西元 392 年,羅馬皇帝狄奧多西一世簽發諭令禁止異教信仰,這個曾經的古希臘聖地被徹底廢棄,神廟傾覆,建築倒塌,直到 15 世紀才重新被發現。

埃勾斯對這個神諭感到莫名其妙，怎麼想都想不明白神的意思是什麼。回國途中，他路過一個名叫特洛伊西納（Troezen）的城邦，受到國王庇透斯（Pittheus）的熱情接待。庇透斯聽他講了神諭，立刻就理解了那個謎語的意思：埃勾斯在返回雅典途中會有一個偉大的兒子，但這個兒子會導致他的死亡。

既然天意如此，那就順應天意吧！庇透斯趁招待埃勾斯的機會，把他灌醉了，然後讓自己的女兒埃特拉（Aethra）和他發生關係。當埃特拉懷孕時，埃勾斯決定返回雅典。臨行前，他把自己的鞋子、盾牌和寶劍都壓在一塊大石頭底下，告訴埃特拉，等他們的兒子長大後，如果他能取出巨石下的這些武器，就算通過自己給兒子的考驗，可以讓兒子來雅典找自己。

在這幅作品中，除了三個人物之外，特別引人注目的就是那些高大的建築物了，但這些建築物是有問題的。古希臘人的建築物以廊柱為主要特色，埃特拉身旁的兩根高大石柱正是有男性柱之稱的多立克式石柱，與畫面中的英雄氣質相對應。但是，除了幾根高大的石柱之外，還有兩個巨大的拱門，這就有問題了：拱圈結構是古羅馬人的建築發明，在古希臘神話故事時代，它是不應該出現的建築樣式。古典主義的藝術家們把古希臘和古羅馬的藝術都視為「古典」的樣式，如果細究，古希臘與古羅馬在建築、雕塑、戲劇等方面還是有很大差異的。

忒修斯發現父親的劍
尼古拉斯・普桑／1638年／布面油畫／98cm×134cm／法國尚蒂伊孔蒂博物館

忒修斯被父親認出

讓－伊波利特・弗朗德蘭／1832 年／布面油畫／115cm×146cm／巴黎國立高等美術學院

這幅畫描繪的正是埃勾斯打翻毒酒的一剎那。畫中所有人的視線都看向年輕的忒修斯，這讓他成為觀者注意力的焦點。但與此同時，忒修斯左側一個老人的眼睛正冷冷瞥向了埃勾斯身旁的美狄亞，暗示著這一幕是美狄亞的陰謀。畫面最左側的美狄亞不僅站了起來，她的身體還已經做出了即將衝出畫幅、立即逃跑的姿勢。

埃勾斯走後，埃特拉果然生了個兒子，這個孩子就是忒修斯。多年後，忒修斯長成了一個英武的青年，他想知道自己的父親到底是誰，果然搬動了巨石，取出了父親的武器。見兒子完成了這個挑戰，埃特拉便把他父親的真實身分告訴了忒修斯，並且讓忒修斯帶著這些武器為信物去雅典找自己的父親。

　　忒修斯趕往雅典去找埃勾斯，此時的埃勾斯早已娶了新的妻子。順便說一句，這個新王后正是在白羊座故事中大放異彩的美狄亞。此時，她已經報復了拋棄她的伊亞森，來到雅典和埃勾斯結了婚，還為他生了個兒子。

　　忒修斯經過一番冒險之後到達雅典，並沒有直接向父親公開自己的身分，可是美狄亞已經意識到這年輕人是埃勾斯的兒子。為了保住自己兒子的地位，她慫恿埃勾斯派忒修斯去捕殺馬拉松野牛。沒想到，忒修斯並沒有被野牛殺死，反而成功地完成了任務。美狄亞更不安了，又想毒死忒修斯，讓埃勾斯在宴會上給這個年輕人下毒。

　　在慶功的宴會上，忒修斯看到侍從端上一盤肉時，順手抽出自己的寶劍來切肉。旁邊的埃勾斯一眼認出，那正是他自己的佩劍！埃勾斯立刻意識到，這個勇敢不凡的年輕人正是自己的兒子！他立刻出手打翻了盛滿毒酒的酒杯，父子終於相認了。

　　埃勾斯與忒修斯相認後，美狄亞帶著自己的兒子逃往科爾喀斯。但埃勾斯此時在雅典的王位並不穩固，他有50個姪子正四處宣揚關於埃勾斯身世的謠言，企圖要把他拉下王座。這些姪子在埃勾斯宣布忒修斯為自己繼承人之後，更是跳出來挑戰忒修斯。忒修斯幫助父親平定了這些叛變，但他也覺得，自己作為突然冒出來的王子兼繼承人，有義務幫雅典人從那每九年一次的痛苦中解脫出來。

　　所以，他決定親自前往克里特島。

4

阿里阿德涅的線團

　　忒修斯在出發之前,像所有希臘人一樣先去德爾斐神廟卜問吉凶。德爾斐的神諭很奇怪,沒有讓他祈求宙斯或雅典娜的幫助,而是要他選擇愛神為自己的嚮導。忒修斯雖然不明白這神諭預示著什麼,但還是按照神諭的要求,出發時向愛神阿芙蘿黛蒂做了獻祭。

　　果然,有的時候愛神比戰神更管用。

　　當忒修斯到達克里特島觀見國王米諾斯時,他的高大英俊立刻俘獲了克里特公主阿里阿德涅(Ariadne)的芳心。就在忒修斯進入迷宮的前夜,阿里阿德涅悄悄來到了雅典使團的駐地。美麗的公主羞澀地向忒修斯吐露了自己的愛意,然後交給了他一個線團和一把劍。

在這幅作品中,阿里阿德涅身後那高挑的傘蓋在當時的西方人看來也很有東方的異域風情,對於中國觀者來說更是非常熟悉。這是 17—18 世紀歐洲人「東方熱」的表現之一。畫中的這位公主正深情款款地將一個線團交到忒修斯的手中,但兩人所處的環境並非一片溫馨安寧。忒修斯的腳下有撲倒在地的屍體,那是在提醒觀者:阿里阿德涅贈出的不是簡單的愛情信物,那線團與忒修斯性命攸關。

忒修斯和阿里阿德涅
威廉·斯特里克／1657年／布面油畫／201cm×167cm／阿姆斯特丹皇宮

忒修斯帶著阿里阿德涅給的線團和短劍進入了迷宮。在進入迷宮之前，他把線團的一頭拴在入口，一邊走一邊放線。阿里阿德涅給的線團真是神奇，迷宮的路彎彎繞繞，線團的線也無窮無盡，無論忒修斯走到

忒修斯戰勝米諾陶
查理斯・愛德華・蔡斯／1791 年／布面油畫／146cm×190cm／法國斯特拉斯堡美術館

這幅作品中米諾陶已倒在地上，如果不是因為他長著古怪的牛頭，那身軀就是一個普通、正常的人類青年。這麼看來，他並不邪惡猙獰，甚至還有點弱小、無辜。但這並沒有妨礙忒修斯英雄氣概的表現。一群妙齡少女環繞在他的身邊，她們既有著劫後餘生的欣喜，也有著彷彿不敢置信的軟弱。畫家在提醒人們，那個倒在地上的「男青年」並不無辜，他是那些少女恐怖、苦難的根源。在那些或蹲或跪的少女們的襯托下，忒修斯器宇軒昂的形象更高大起來。

哪裡，一根細細的線總是穩穩地跟隨著他。終於，忒修斯找到了牛頭怪米諾陶居住的地方。他用阿里阿德涅給的那把劍，奮力斬殺了米諾陶，然後又順著那根細細的線，順利走出了迷宮。

忒修斯與米諾陶
卡索尼・坎帕納大師／1510—1520年／木板油畫／69cm×155cm／法國亞維農小皇宮美術館

這幅畫裡的迷宮基本上就是歐洲人對「迷宮」的想像，和很多中國人腦海中的迷宮大有不同，倒是很像我們小時候玩過的一種玩具。後來，一些西方的皇家園林常模仿這種迷宮修剪灌木。在這幅畫裡，我們能清楚地看到被釘在迷宮入口處的那個線團。

細節決定生死　金牛座

阿里阿德涅早已在迷宮外等候，她堅信忒修斯一定能夠戰勝牛頭怪，獲得勝利。從此以後，「阿里阿德涅的線團」就成了西方一個成語，表示解決複雜謎題的線索與思路。

　　宙斯在天上看到了這一切，把這個牛頭怪升上了天空，成為金牛座。相對於第一種金牛座來源的說法而言，我更偏向第二種。因為，天上的金牛座看起來不像一整頭牛，而像是一顆長了牛角的牛頭。

　　在忒修斯之前，雅典去克里特島進貢的船都掛著黑帆，表示對無辜犧牲的童男童女的哀悼。只是這一次忒修斯信心滿滿，雖然還像以往那樣掛黑帆出發，可專門另外帶了一張白帆。他和父親約定：如果自己成功了，回來時就在船上掛白帆；如果他失敗喪命，歸來的船就像以往那樣掛黑帆。

　　忒修斯原本是希望父親能夠早早得到自己成功的喜訊，可是為雅典解決心腹大患的成功讓他太興奮了，以至於完全忘了船帆顏色的事。他明明成功了，卻掛著黑帆駛回了雅典，進入了翹首以盼的老父親的視野。

　　老國王埃勾斯遠遠看見黑帆，立刻「意識到」：兒子失敗了，他聰明勇敢的兒子已經像其他雅典童男童女一樣命喪牛頭怪之口，這讓老國王痛不欲生。他根本不敢面對船員們帶給他的那個可怕的確定消息，不等船隻停泊，就絕望地跳進大海，自殺了。多年前德爾斐神廟的預言終於還是應驗了，埃勾斯在返回雅典的路上有了忒修斯，也因為忒修斯「死於悲傷」。

　　從此以後，人們把這片蔚藍的大海稱為埃勾斯海，也就是中文翻譯的愛琴海（Aegeus 對應 Aegean Sea）。愛琴海，這片全世界人心目中最浪漫的海，其實凝結著一個悲傷的親情故事。

金牛座

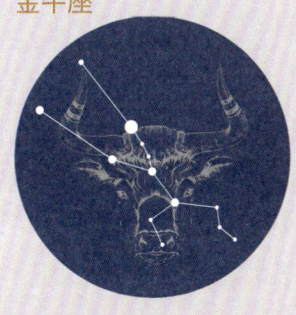

金牛座東接白羊座和鯨魚座，西靠雙子座和獵戶座，南臨波江座，北臨御夫座和英仙座。金牛座在獵戶座的東北面。把獵戶的腰帶往西南方延伸遇到的亮星是天狼星；向東北延伸遇到的亮星就是金牛座 α，它在中國被稱為畢宿五。這顆星的亮度會發生不規則變化，天文學上取其中間值，將其視星等定為 0.87，是全天亮度排第十三位的亮星，在冬夜的星空中比較好辨認。以金牛座為參照，其西的白羊座、其東的雙子座、其北的英仙座與御夫座、其東南的波江座就比較好辨認了。

占星學把出生在 4 月 20 日至 5 月 20 日的人視為金牛座出生的人。相信星座與性格相關的人常說，金牛座的人特別重視感情，細膩敏感，又固執堅持。他們忠於情感，重視責任，是最重感情的一個星座，但同時也是一個比較重視錢財的星座。

米諾斯的迷宮只能進、不能出，這特點與中國傳說中只輸入不輸出的神獸貔貅相似，倒還真有點「愛財」的影子。但金牛座與情感的關係，就不由得要讓人聯想金牛座的幾段愛情故事來仔細思考了。

金牛座故事中，歐羅巴與宙斯的「愛情」、帕西法厄與公牛的「愛情」其實質都只是情慾。就連阿里阿德涅對忒修斯所謂的「一見鍾情」，其實質也只是一時的荷爾蒙衝動。敏感多情的金牛座，真的要固執於這樣的情感嗎？

阿里阿德涅後面的故事，才能真正讓人仔細咀嚼：到底什麼樣的愛情才是真正值得讓人執著的愛情？

5

人間自是有情癡

　　忒修斯無意間害死父親之舉,也許是命運對他歸途中負心薄幸行為的懲罰。

　　阿里阿德涅幫助忒修斯戰勝了牛頭怪米諾陶,她知道自己幫助外鄉人的行為形同叛國,等忒修斯一出迷宮就和他私奔了。忒修斯沒有拒絕她,連夜帶著她一起返回雅典。可是,忒修斯卻在回家的路上拋棄了她。趁她睡著之際,忒修斯自己揚帆離去,把阿里阿德涅扔在了一座小小的孤島上。希臘神話中有種說法在為他「洗白」,說他這麼做是因為得到了神的告誡,他是奉神的命令拋棄自己這個女恩人的。但是……誰知道呢?

　　以雅典人對異鄉客素來苛刻的習慣來看,就算沒有得到神的諭旨,忒修斯也會拋棄阿里阿德涅,僅僅因為她是異鄉人,還因為她是一個來自素來與雅典敵對的城邦的異鄉人。忒修斯在回國的一路上恐怕一直都在糾結:回去該怎麼對雅典人解釋自己帶回敵國公主的行為呢?這麼看起來,他的行徑簡直如同中國《杜十娘》故事中那個李甲,都是在回家的半路上拋棄了有情有義的姑娘。

　　可憐的阿里阿德涅,當她還沉浸在愛情幸福婚姻美滿的美夢中時,忒修斯的船已經悄悄起航。

阿里阿德涅
約翰・威廉・瓦特豪斯／ 1898 年／布面油畫／ 91cm×151cm ／私人收藏

在瓦特豪斯的畫中，一身紅衣的阿里阿德涅像阿芙蘿黛蒂的經典造型一般橫臥在鮮花與大海之間，彷彿海港、帆船只是她沉睡的背景，畫面溫暖、靜謐，讓不了解故事的人完全無法察覺其中蘊含的悲涼——她在睡夢中被忒修斯拋棄了。這形成了形式與內容之間美妙的反差。她的未來會怎樣？如果注意到阿里阿德涅腳邊花紋斑斕的豹子，就能夠猜到一兩分。

阿里阿德涅醒來後才發現忒修斯已經遠去，她悲痛地衝到海岸邊，傷心欲絕。正在她最傷心的時候，身旁忽然出現了一個英俊青年，這青年乘坐著豹子拉的車，出現在她面前，問發生了什麼事讓她那麼痛苦。這個青年正是酒神戴奧尼索斯。

戴奧尼索斯一眼就愛上了美麗的阿里阿德涅。忒修斯不是拋棄了阿里阿德涅嗎？戴奧尼索斯卻愛上了這個美麗的公主。他當即拿出了一頂華麗無比的王冠，向阿里阿德涅求婚了。

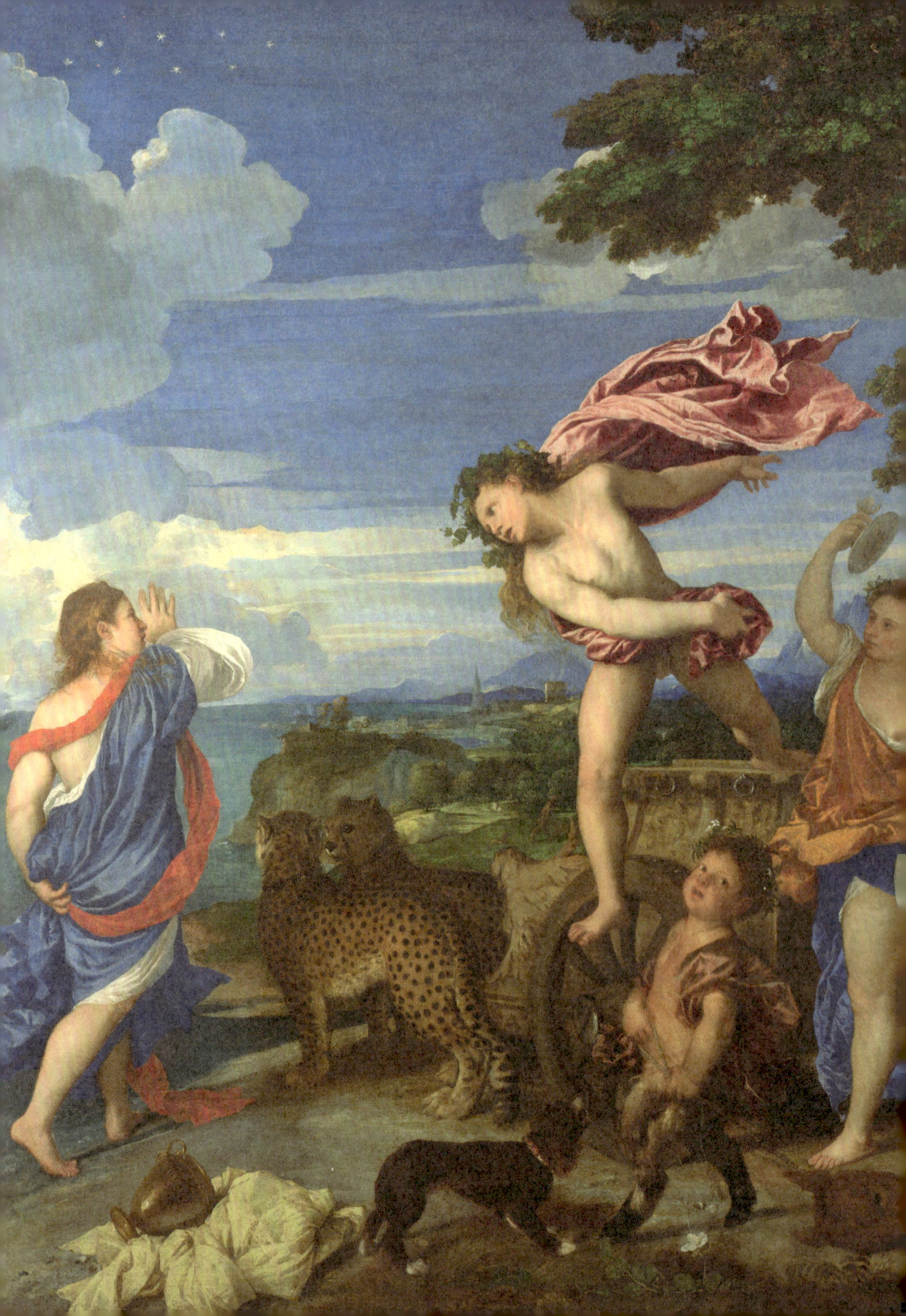

畫中阿里阿德涅微微前傾的身體和伸出的手臂示意她前一刻還在絕望地呼喚已經遠去的船，但是側轉的面龐又表示她已被身旁的人吸引了注意，那正是酒神戴奧尼索斯（巴庫斯是其對應的羅馬名）。他踩在豹子拉的戰車上，身披華美的紅披風，輕盈的姿態顯示他正從天而降。這幅提香的作品非常著名，如果細論起來卻有個硬傷：注意到畫面左上角八顆星組成的圓環了嗎？它像一頂王冠那樣高懸在阿里阿德涅的頭頂，這正是神話中酒神送給她的定情王冠。提香為王冠鑲了八顆星。

巴庫斯與阿里阿德涅
提香／1520—1523 年／
布面油畫／176.5 cm×191cm／
倫敦英國國家美術館

細節決定生死
金牛座

075

王冠與星星

這有什麼問題嗎？不妨看看其他畫家是怎麼表現這頂王冠的。

巴庫斯與阿里阿德涅
厄斯塔什・勒・蘇爾／1640 年／
布面油畫／175.3cm×125.7cm／
波士頓藝術博物館

巴庫斯與阿里阿德涅
詹巴蒂斯塔・皮托尼／1716－1718 年／
布面油畫／171cm×130cm／
華沙波蘭國家美術館

在蘇爾的作品中，酒神的手遮住了一部分王冠，但是憑藉王冠上鑽石的疏密安排能夠推斷出王冠應該有 9 顆鑽石。

皮托尼設計的這頂王冠更豪華，有 14 或 15 顆鑽石。

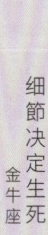

巴庫斯發現阿里阿德涅
雅各·約爾丹斯／17世紀40年代後／
布面油畫／121cm×127.3cm／
波士頓藝術博物館

約爾丹斯讓王冠的形狀有了很大的改變。

巴庫斯、阿里阿德涅與愛神
丁托列托／16世紀／布面油畫／
108cm×139cm／斯特拉斯堡美術館

巴庫斯與阿里阿德涅
喬納斯·艾克斯特倫／
17世紀／布面油畫／
76.5cm×61cm／
斯德哥爾摩瑞典國家博物館

艾克斯特倫畫的王冠乾脆就一顆鑽石也沒有，鑽石王冠變成了一頂花冠。

威尼斯在文藝復興時代以財大氣粗著稱，在小丁托列托筆下，王冠上的珠寶已經是不計其數了。

細節決定生死　金牛座

如果不連結神話和星座的關係，戴奧尼索斯給的王冠上有多少顆鑽石根本不重要，如果要給戴奧尼索斯增加幾分「霸道總裁」的氣質，那鑽石甚至是越多越好。可是，如果連結神話和星座，這頂王冠上的鑽石不能多一顆，也不能少一顆，需要正好是七顆。戴奧尼索斯倒是想多送幾顆鑽石，但他得先問問天上的星星答不答應、配不配合。

　　因為這頂王冠就是天上的北冕座。

　　送王冠屬於阿里阿德涅與戴奧尼索斯結婚後的事，還是回到兩人見面的時候。阿里阿德涅見到從天而降的戴奧尼索斯時內心五味雜陳。她被忒修斯辜負，對他死了心，恰在最痛苦時卻又意外收穫了一片真心誠意。阿里阿德涅被打動了，接受了戴奧尼索斯的追求，與他正式結成了夫婦。

巴庫斯與阿里阿德涅的凱旋
阿尼巴爾・卡拉齊／1597－1602 年／濕壁畫／羅馬法爾內塞宮

但是，戴奧尼索斯是神，擁有永恆的生命，而阿里阿德涅是凡人，他們註定了不可能白頭偕老。阿里阿德涅去世後，戴奧尼索斯十分悲痛。每當他看著阿里阿德涅佩戴過的王冠，就更忍不住自己的思念之情。他把這頂王冠拋上了天空，彷彿是要向天地宣告：雖然他擁有無盡的生命，可是這頂阿里阿德涅曾經佩戴過的王冠再也不會屬於任何女人或女神了。

這頂王冠高高在上，見證了阿里阿德涅獲得的一段愛情，它成了星空中的北冕座。北冕座是北天星座之一，座內由七顆小星構成了一個美麗的王冠模樣，那就是阿里阿德涅王冠上的七顆熠熠生輝的

巴庫斯把星冠拋到天上
傑拉德·德·萊雷西／1680 年／布面油畫／175.2cm×92.5cm／阿姆斯特丹荷蘭國立博物館

寶石。在繪畫作品中，只有畫了七顆鑽石的冠冕才是正確的——那不僅吻合神話故事，也吻合夜空中的現實。

星空中除了北冕座，還有一個南冕座，那也和戴奧尼索斯有關。他因為幫助宙斯打敗泰坦，棲身十二主神之一，成了主神後惦記著冥界中的凡人母親塞墨勒（Semele），請求眾神同意讓母親也成為不朽的神。眾神同意了，並為他的母親換了個名字——提俄涅（Thyone），讓她成為狂暴女神。為了表示對這位狂暴女神的歡迎，眾神還送了她一頂花冠，那頂花冠就是夜空中的南冕座。

北冕座、南冕座都與酒神有關，當戴奧尼索斯可以拯救一位逝去的凡人成為永生的神時，他選擇了母親，而不是妻子。他到底愛不愛阿里阿德涅呢？

阿里阿德涅短暫的一生感受了三種不同層次的愛。

忒修斯對她的愛：於她，是一見鍾情的初戀；於他，是千載難尋的成功階梯。所以，她以為全心全意地付出就能得到真愛，卻不知那裡面夾雜著太多功利，最終經不起考驗。

戴奧尼索斯對她的愛：於她，是絕望中看到駕著五彩祥雲的英雄；於他，是無意間看到傾國傾城的美女。所以，他可以為她一擲千金，讓她一時間感受到無邊的甜蜜和寵愛，以為那就是真愛。卻不知，在愛情中寵和愛有很大區別。他們沒有過同甘共苦的經歷，沒有過生死與共的扶持。最終，當她的青春消逝，最閃耀的王冠也完全幫不上忙，沒有任何意義。

真正的愛是什麼？恐怕是戴奧尼索斯對母親的愛，這正是阿里阿德涅感受到的第三種愛，雖然被愛的人不是她。

他沒有送母親珍貴的禮物，卻在自己有能力的時候第一時間想到她，用盡自己的資源幫助她，讓她能夠棲身在最高的地方，在所有人面前揚眉吐氣，能夠和她所愛的人平等，能夠獲得最長久的尊嚴。

北冕座

北冕座（Corona Borealis）是北天星座之一，座內肉眼可見的星共有 29 顆，最佳觀測時間為 7 月，其中最亮的 α 星的視星等為 2.23。座內的 7 顆小星構成了一個美麗的王冠模樣。

找到北冕座可以借助我們熟悉的北斗星和織女星。夏夜，順著北斗星斗柄曲線方向向西南延伸，可以看到一顆橙黃色的亮星，這是大角星。從大角星向織女星方向看去，就能找到一個由 7 顆星組成的半環形的小星座，這就是北冕座。

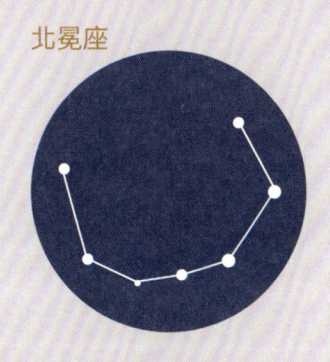

北冕座

南冕座

南冕座（Corona Australis）是一個北緯 44 度以北地區完全看不到的星座，但事實上，北緯 40 度（北京）以北的地區就基本看不到它了。它的最佳觀測時間比北冕座稍晚一點——8 月，夏季 7、8 月時，借助織女星的定位會發現它在銀河之南，與北冕座隔河相望，是一個由 8 顆恆星排列成的弧形半圓形。由於形狀的關係，雖然這個星座裡最亮的星只有 4 等，但還是比較容易辨認的。

南冕座

細節決定生死　金牛座

081

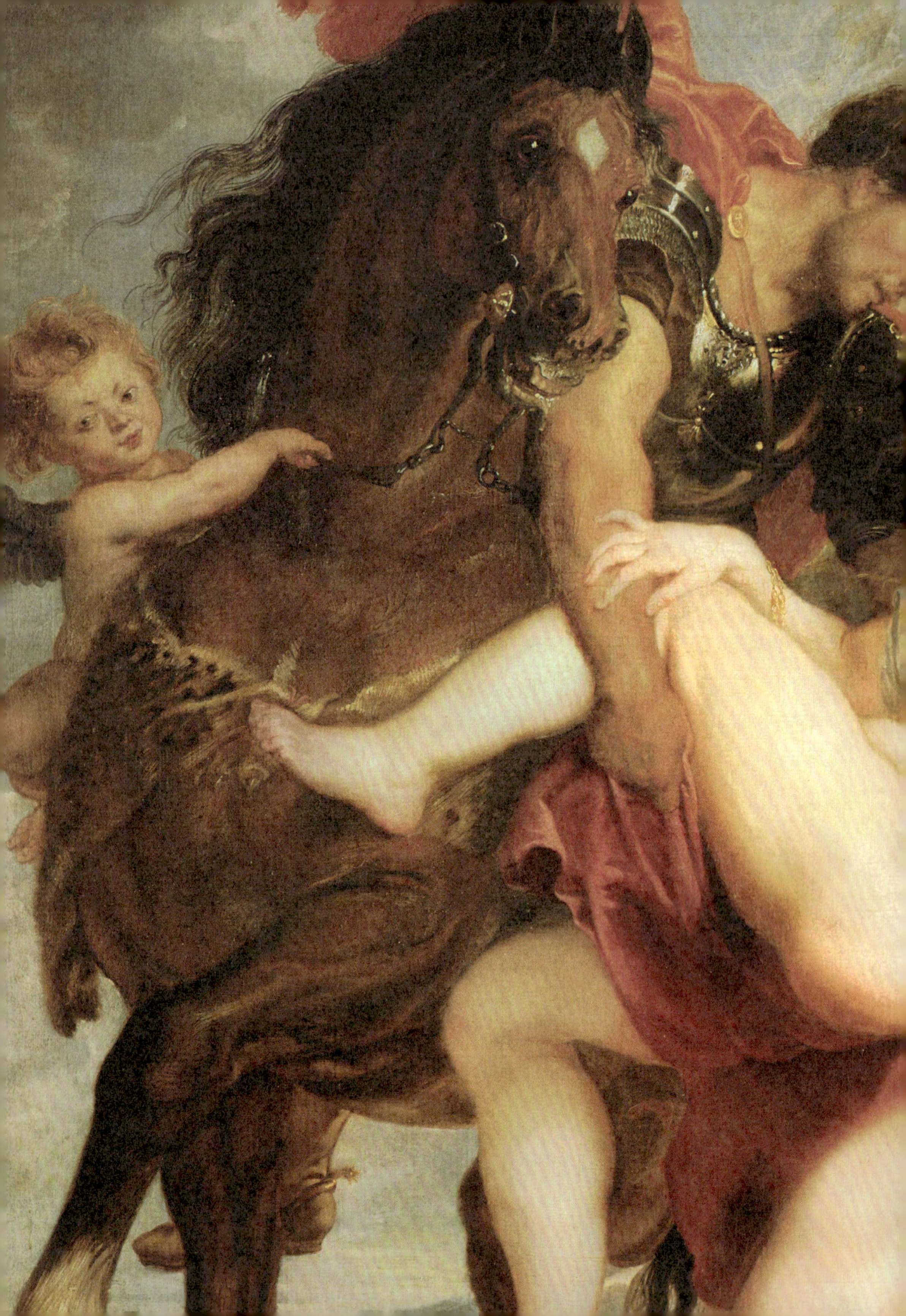

Chapter 3

兩兄弟，一條命
雙子座
Gemini

1

落地為兄弟，何必骨肉親

殺死牛頭怪的忒修斯是希臘神話中一個赫赫有名的英雄，有著許多令人驚歎的壯舉。不過，他也曾經被人打敗過。他曾聽說有一個小公主是全希臘最美的美人，就趁其家人不備把她給搶了出來。沒想到，這個小公主的兩個哥哥不是好惹的，他們找到了忒修斯，經過一番爭鬥，竟然硬生生從忒修斯手上把人給救了回去。

忒修斯連牛頭怪都能殺，竟保不住自己已經搶到手的美女？和他作對的那對兄弟怎麼會這麼厲害？

那個美名遠揚的小公主就是後來私奔去特洛伊的斯巴達（Sparta）公主海倫，她的兩個哥哥就是斯巴達的兩個王子，人稱狄奧斯庫洛伊（Dioscuri）兄弟。這對兄弟也是不肯吃虧的，嚥不下自己妹妹被搶的那口氣，他們打聽到忒修斯的身世之後，就把忒修斯的媽媽埃特拉擄了去，送給海倫做女奴，算是替海倫出了氣。

埃特拉後來的命運很淒慘，她在海倫私奔時被帶到了特洛伊；特洛伊城破之後，她被忒修斯的兒子、也就是自己的孫子給認了出來。但是，她聽說自己的兒子已經死了，就失去了活下去的動力，自殺身亡。真不知，她的悲劇該埋怨忒修斯、海倫，還是那對不好惹的狄奧斯庫洛伊兄弟。

狄奧斯庫洛伊兄弟是希臘神話中一對著名的孿生兄弟。雖然是孿生兄弟，但是與所有其他孿生兄弟都不一樣，他們兩人同母異父。同

母異父也能是孿生兄弟？這麼違反遺傳學的奇蹟，也只有神王宙斯能做得出來。

這對兄弟一個名叫卡斯托（Castor），一個名叫波路克斯（Pollux）。他們的母親是斯巴達王后勒達（Leda）。宙斯垂涎勒達的美麗，變成天鵝誘惑了她。十個月後，勒達生下了兩枚蛋，每枚蛋裡都有一對龍鳳胎。這四個孩子，分別是她與宙斯的一兒一女以及與她凡人丈夫廷達瑞俄斯（Tyndareus）的一兒一女。卡斯托是勒達與廷達瑞俄斯的兒子，波洛克斯則是勒達與宙斯的兒子。勒達的故事在《希臘眾神的天空》

卡斯托與波路克斯解救海倫
讓・布魯諾・加西／1817年／布面油畫／113.2cm×145.4cm／私人收藏

勒達與天鵝
（達・芬奇畫作的仿作）
索多瑪（喬瓦尼・安東尼奧・巴齊）／
1510—1520 年／木板油畫／
112cm×86cm／
羅馬博爾蓋塞美術館

這幅畫的始末詳情在《希臘眾神的天空》中詳述過。在達・芬奇原作的幾幅仿作中，索多瑪的這幅仿作與其他人不同，勒達生下的兩枚蛋中一枚依舊未孵化，另一枚已經孵出了兩個男孩，畫面中的這兩個男孩正是卡斯托和波洛克斯。

但是，這四個孩子是怎麼待在兩顆天鵝蛋裡的呢？如果深究索多瑪的作品，畫家倒是畫錯了。在希臘神話中，每顆天鵝蛋裡都是一對龍鳳胎。所以，草地上玩耍的不該是兩個男孩，而是一男一女。

神話是如上所述安置這四個孩子的，而不是按照人們一般想像的那樣：兩個男孩待在一顆天鵝蛋裡，兩個女孩待在另一顆天鵝蛋裡。這倒也讓人別有一番聯想，顯然是在昭示神的子與女、人的子與女才算真正有共同的血緣，同時也似乎在向現代人暗示：真正與自己分享同一個靈魂的不是自己的同性手足，而是異性兄妹。

那麼，同性的姊妹、兄弟之間又是什麼關係？是另一個自己，還是自己的敵人？在希臘神話裡，人們幾乎找不到海倫與姐姐之間親密互動的情節，這對姐妹在性格、品德上都天差地別。現代人如果把家庭間微妙的情感關係代入這個故事，深入思考，也許能夠窺破些親情背後隱祕的東西：家人之間存在著伴隨在親密友愛、守望相助中的競爭、嫉妒與隔絕、疏離。要不，怎麼說「家家有本難念的經」呢？

和《諸神的戰爭》中都曾經講過，出鏡率實在是有些高。沒辦法，誰讓這四個孩子個個都很能折騰。

大概宙斯也對自己的這番舉動十分滿意，他後來把自己的這個化身也升上了天空，這就是天鵝座。

這兩兄弟十分友愛，從小在一起學習、長大，稱得上是兄友弟恭的典範，不分彼此。這情形簡直就像當代的樂隊組合，狄奧斯庫洛伊兄弟就可以看作世人給這對組合起的名字。

狄奧斯庫洛伊兄弟
西元 1 世紀（古羅馬時期）／
大理石雕像／高 161cm ／
出土於羅馬，
現藏於馬德里普拉多博物館

這尊雕像有很多複製品，在法國凡爾賽宮花園、俄羅斯聖彼得堡冬宮博物館、英國維多利亞與艾伯特博物館、波蘭華沙維拉努夫宮博物院都有當時藝術家製作的複製品。雕像原作現藏於西班牙馬德里的普拉多博物館。雕像原件中左邊這位的頭部是 17 世紀修復時加上的。熟悉古羅馬雕像的人一定會覺得這個美男子的形象非常眼熟，那正是古羅馬皇帝哈德良（Hadrian）的戀人安提諾烏斯（Antinous）的面容。安提諾烏斯是當時著名的美男子，在他生前和死後，哈德良皇帝為他製作了 1000 多個雕像。安提諾烏斯的臉配上狄奧斯庫洛伊兄弟的身體居然非常和諧，另一位的臉不是哈德良皇帝。

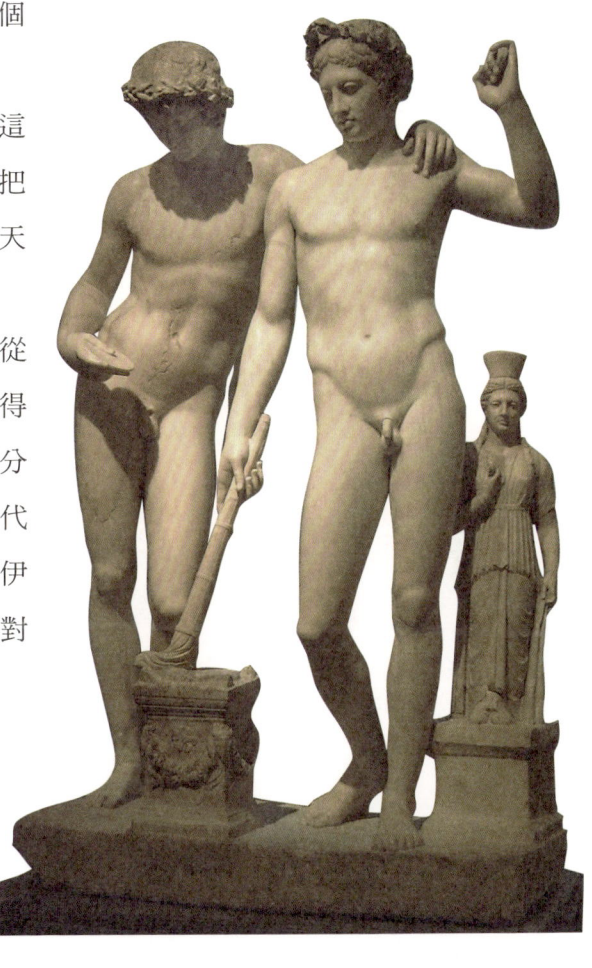

2

永生還是參商

　　印度神話中也有一對神奇的孿生兄弟，名叫雙馬童，字面意思是「馴馬者」。不過，他們卻很少以騎在馬上的形象出現。畢竟，目前已知最早的雙馬鐙實物屬於西元 3 世紀中葉活動在中國東北部的鮮卑人。在沒有馬鐙的時代，騎手坐在馬上兩腳懸空，僅靠雙腿夾緊馬身很難保持平衡，必須用手緊緊抓住馬鬃防止自己掉下來。

　　騎馬是件艱難的苦差事。所以，回想一下此前介紹的希臘神話中的眾位英雄，沒有一位是威風凜凜騎在馬上的。不信？仔細回顧一下：赫拉克勒斯步行；忒修斯和伊亞森駕駛船隻；在特洛伊戰爭時期，無論是阿基里斯還是赫克特（Hector），兩方陣營的眾將不是徒步搏鬥就是站在戰車上作戰。

　　在那個時候，如果有人可以騎在馬上打仗，本身就說明他們經受過非同一般的訓練，能力超群，殺傷力相對那些步行的戰士來說更具有碾壓性優勢。狄奧斯庫洛伊兄弟就是這樣一對總是騎在馬背上的英雄。

　　這對兄弟為什麼能夠逆著時代的風尚，有那麼高超的騎術呢？

　　在希臘神話中，這兩兄弟特別善於馴服烈馬。他們曾經一同馴服過烈馬，並讓這兩匹烈馬成為自己的坐騎。所以，在那個時代，兩兄弟總是形影不離，有禍一起闖，有架一起打，一起分享著各種

獵捕卡利敦野豬
彼得・保羅・魯本斯／1611—1612年／木板油畫／59.2cm×89.7cm／
洛杉磯保羅・蓋蒂藝術中心

獵捕卡利敦野豬是希臘神話中一樁大事。當時，卡利敦（Calydonian）國王因為在一次祭神儀式中忘記了狩獵之神阿特蜜斯（Artemis），遭到報復，被她派出的一頭野豬攪得國無寧日。沒辦法，卡利敦國王只能召集各地著名的英雄來一起圍捕這頭野豬，很多英雄都參加了這次獵捕。

魯本斯的這幅〈獵捕卡利敦野豬〉畫的就是眾多勇士共同圍捕野豬的激烈場面。在這些英雄中有兩個非常引人注目，在眾多徒步狩獵的人旁邊，這兩個人是鏟騎（不用馬鞍、馬鐙直接坐在馬背上）在馬上。他們不僅坐得穩穩的，還能解放出雙手進而操持武器參加戰鬥。這在希臘神話的時代簡直就是一身橫行天下的硬功夫了。很明顯這兩個人就是狄奧斯庫洛伊兄弟。因為自古羅馬時期以來，在眾多藝術作品中這兩人或騎姿颯爽，或倚馬閒適，總是與馬相伴，馬就成了他們的身分證明。

兩兄弟，一條命　雙子座

榮譽和財富。人間的任何事物他們都能不分彼此地分享，唯有永恆的生命卻不可以。

雖然兩人是孿生兄弟，可是他們的血統卻是分別繼承各自的父親，有著天差地別。這是真正的天差地別，卡斯托是凡人的兒子，他也是凡人，註定了終有一死；而波路克斯是神的兒子，他擁有宙斯賜予的永恆生命。

終於有一天，這個差別顯現了出來。在狩獵卡利敦野豬的隊伍中，除了他們那對雙生子之外，還有另外一對雙胞胎：伊達斯（Idas）和林叩斯（Lynceus）兄弟。經過一番危險的搏殺，卡利敦野豬終於被獵捕。可是，該如何分配戰利品？英雄們為此產生了巨大的矛盾，甚至大打出手。混亂中，伊達斯錯手殺死了卡斯托，波路克斯悲憤交加，經過一番搏殺獨自殺死了那兩兄弟，為自己的孿生兄弟報了仇。

雖然報了仇，但是卡斯托卻已經死了，無法復活。波路克斯痛苦不已，傷心欲絕。他從出生起就從來沒有與卡斯托分別過，更不能接受兩兄弟一個永遠死去、一個永遠活著的宿命安排，覺得這樣的分離比讓自己死去還痛苦。他向自己真正的父親宙斯請求，請他讓卡斯托復活。

宙斯非常為難，就算他是天神也不能無緣無故地讓一個人走出冥界，冥界自有冥界的規矩，他不能輕易干涉。宙斯告訴波路克斯，如果要讓卡斯托復活，唯一的辦法就是波路克斯自己放棄永恆的生命，用自己的死換取卡斯托的復活。

這不僅是普通人所說的「一命換一命」，凡人終有一死，凡人的「一命換一命」其實只是讓一個註定的結局提前到來。可是波路克斯要犧牲的卻是永恆的生命，這是從量到質的轉變。可是，波路克斯毫不猶豫地答應了。他寧可放棄自己永恆的生命，也不要哥哥永遠沉入冥界的黑暗中。

卡斯托與波路克斯
喬凡尼・巴提斯塔・提也波洛／
1783年／布面油畫／
274.9cm×316.2cm／
庫爾城堡英國國民信託

  這幅畫名為〈卡斯托與波路克斯〉。兩個人究竟誰是凡人卡斯托，誰是神波路克斯？也許，可以參考提香的那幅著名的〈天上的愛與人間的愛斯〉來猜測一下：看著裝。

  宙斯被兩人的友情打動，決定讓兩人平分不朽與死亡。也就是說，兩人自此以後輪流生活在人間與冥界，每日一輪換。這樣，冥界沒有失去任何一個靈魂，而他們中的任何一個人也都得到了永生。可是這樣一來，當他們一個在神界時，另一個必然就在冥界，豈不永遠不能相見了嗎？

  杜甫曾經寫詩「人生不相見，動如參與商」。其中「參」和「商」就是兩個星宿，一個升起一個落下，永不相見。中國是詩文中常常以「參商」來表示永久的分離。現在，卡斯托和波路克斯看似分享了永恆的生命，但是兄弟倆豈不也成了「參商」？

  可能宙斯後來也看出來自己的這番安排有問題，於是他將兩兄弟一起升上了天空，成為雙子座。這樣，他們就可以永不分離。

3

巴洛克名畫
〈搶劫留西帕斯的女兒們〉

在希臘神話的另一種版本中，狄奧斯庫洛伊兄弟與另外那對孿生兄弟結怨，不是因為野豬，而是因為兩個美女。

那是麥西尼亞（Messenia）國王留西帕斯（Leucippus）的兩個孿生女兒，她們本來是伊達斯、林叩斯兄弟倆的未婚妻，卻被卡斯托和波路克斯看上了，兩人趁著她們熟睡，在黎明前把她們給搶走了。正因如此，他們才與另外那對孿生兄弟結了怨，最後釀成了悲劇。

這結怨理由、這行徑，還真得老爸宙斯的真傳。

托巴洛克時期著名畫家魯本斯的福，人們對這對兄弟搶婚的形象非常熟悉。那幅幾乎能夠代表巴洛克藝術全部特色的名畫〈搶劫留西帕斯的女兒們〉中，搶奪少女的男人就是他們。

據說，在兩兄弟搶人時，林叩斯率先發現了他們，因為林叩斯的視力極好，像貓一樣，別說在夜間也能看清東西，即使是冥界的事物也瞞不過他的眼睛。他發現這兩兄弟行兇，便和弟弟一起追上來與他們打鬥。在打鬥中，伊達斯抵擋卡斯托，波路克斯則與林叩斯對戰。當波路克斯發現卡斯托被殺之後，憤怒地殺死了林叩斯洩憤，等他接著要和伊達斯決鬥為哥哥報仇時，天上的宙斯看見了這

一切,降下了雷電劈死了伊達斯。在這個版本的故事中,是這兩兄弟有錯在先,宙斯想勸架卻偏心在後,大概他自己也覺得不好意思,就把被自己兒子殺死的林叩斯也升上了天空,成為天貓座。

搶劫留西帕斯的女兒們
凱爾─哈威爾・盧塞爾／1911年／
布面油畫／420cm×240cm／
巴黎奧賽博物館

因有魯本斯珠玉在前,法國現代畫家盧塞爾只能另闢蹊徑,把重點放在留西帕斯的兩個女兒身上。同樣是晨光熹微,可是不同時代、不同技法的表現形式大有不同。在這幅畫中,搶劫者只是遠方兩個淡淡的身影,沒有一點好視力還真看不見。

兩兄弟,一條命,雙子座

搶劫留西帕斯的女兒們
彼得・保羅・魯本斯／1618年／布面油畫／224cm×210.5cm／慕尼黑老繪畫陳列館

左圖中〈搶劫留西帕斯的女兒們〉幾乎體現了巴洛克藝術的全部特徵。巴洛克藝術誕生於 17 世紀中期的義大利，一直風行到 18 世紀中後期，著名的建築師喬凡尼・洛倫佐・貝尼尼、音樂家約翰・塞巴斯蒂安・巴赫都是巴洛克藝術的代表。這麼多不同門類的藝術，為什麼能共同被歸入巴洛克藝術門下？雖然美術、建築與文學、音樂所使用的媒介、藝術符號完全不同，但是在那個時期，藝術家們追求的藝術風格、美學品位是十分相似的：鮮明的對比、激烈的動感、張揚的激情、強勁的力度，以及在此基礎上洋溢出的自由、流動之美，甚至不忌諱被人歸入怪誕的行列。

　　用這個眼光來看魯本斯這幅〈搶劫留西帕斯的女兒們〉，也就能夠理解它為什麼幾乎就是巴洛克美術的海報。人們談到巴洛克美術時，十有八九都會提到它。

　　它幾乎符合上面所提到的所有特徵。

　　深棕色的馬匹、黝暗的男性身體與亮白的女性身體形成了強烈的明暗對比；猩紅的斗篷、棕紅的胸膛與少女雪白的肌膚、金色的頭髮形成了強烈的色彩對比；與此同時，以紅色為基調的幾個人物又與背景上寶石般藍色的天空形成了冷暖色調的對比，多層對比用色彩給人營造了豪華、明豔之感。四個人、兩匹馬，沒有一個人物的動作是固定的，每個人物都處在劇烈的運動過程中，彷彿搶劫兩位公主的最驚險瞬間被定格了下來，他們下一刻就會改變自己的身體狀態，從而形成了強烈的戲劇感，看得人熱血沸騰，激情澎湃；紅色的那匹馬前腿回勾，棕色的那匹馬雙蹄懸空，正面的少女向前伸出左臂，背對觀者的少女向下延展右臂，幾個人的身形形成了一個順時針旋轉的旋渦，讓人覺得連畫面都要順著他們的方向轉動起來。男人身體健壯結實、肌肉雄壯；女人肉體豐腴，人物造型都有著生命的厚度。

　　除了這些巴洛克藝術的共性之外，如果仔細觀察這幅畫的細節，也能立刻感受到巴洛克美術自身獨到的美學追求：仔細觀察兩位少女的皮膚，會發現皮膚的顏色和人們的第一感受完全不同。乍看到畫面時，人們會覺得少女的皮膚非常白皙光潔，如果把圖片放大了仔細看，會發現兩位公主的白皮膚其實五彩斑斕，紅橙黃綠青藍紫都有。與她們相比，前面勒達的皮膚才是真正「白皙光潔」的，至少勒達全身只有一種顏色──只是深淺不同而已。

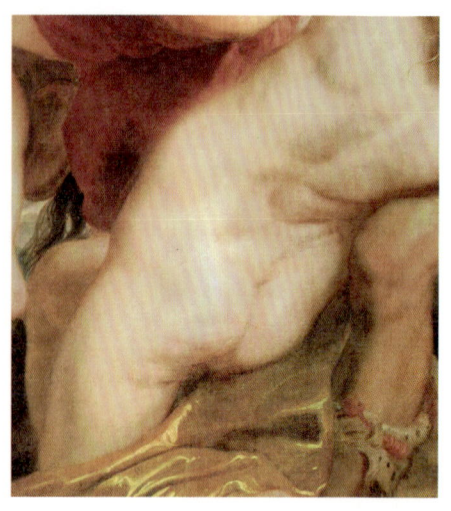

勒達身體局部（文藝復興時期）　　　　留西帕斯女兒身體局部（巴洛克時期）

在魯本斯的畫布上，沒有什麼真正「白皙」的人體。這是因為巴洛克畫家們第一次發現了光對物體的重要影響。巴洛克畫家們發現，人在觀察事物的時候深受光與空氣的影響。在這種影響下，物體的輪廓邊緣模糊了，色彩也破碎而豐富了。不管物體自身固有的顏色是怎樣的，真正仔細觀察就會發現，在觀者的眼中，物體的顏色無不受到光的折射與周邊其他事物顏色反射的影響。所以，以魯本斯為代表的巴洛克畫家們比文藝復興時期的畫家們更強調在畫布上表現眼睛真實觀察到的世界，而不是大腦對事物已經形成的固有信念。所以，在這幅畫面中兩個少女白皙的身體上五彩斑斕，那是晨光、霞光、草地、花朵、烏雲、大地等等周邊事物在她們身上的真實印記。

即使如此，人們對兩位少女皮膚的第一印象仍然是白皙光潔。這種把白皙與五彩繽紛集為一體的能力，就是巴洛克藝術家魯本斯的驚人造詣。

有人說，文藝復興時期的畫作是經得起細看的，不管畫作中的任一部分如何細小都清晰真實；而巴洛克畫作卻是「經不起」細看的，細看巴洛克作品常常會讓人感到模糊、紛亂。正因如此，魯本斯等巴洛克藝術家的作品大多尺幅比較大，適合在一個適當距離觀看。當代有經驗的美術館、博物館也常常在這些畫作前最適當的位置上安放長凳，指明欣賞這類作品的最佳角度。當然，在這樣的長凳上靜靜欣賞一陣之後，不妨再湊近看一看，一定會有和坐在長凳上完全不同的感受。

4

雙子座的隱喻

　　狄奧斯庫洛伊兄弟搶劫留西帕斯女兒們的故事，無意間觸到了天下兄弟們的一種隱祕的焦慮：他們願意分享世俗的一切，甚至可以分享生命，但是這世上所有東西都能分享嗎？

　　愛情是能夠分享的嗎？幸好，留西帕斯生了一對孿生女兒，孿生兄弟愛上孿生姐妹，這其實是對「愛情不能分享」的一種妥協，是一種變相的「分享愛情」。

　　如果他們愛上的女人沒有孿生姐妹呢？那會怎麼樣？

　　啟蒙時代的劇作家皮埃爾－約瑟夫・雷杜德就設想了一個這樣的故事：兩兄弟眼光一致地愛上了同一位公主，而公主只愛凡人卡斯托。後來，卡斯托戰死，看似問題能夠解決，公主卻要求波路克斯去求宙斯讓她心愛的卡斯托復活。

　　雖然故事的最後回到了希臘神話的正軌，宙斯讓這兩兄弟分享永恆的生命，可是波路克斯在做出決定前，卻沒有原本神話故事中的義無反顧，而是猶豫、苦痛了很久。人們看到了另一個波路克斯：雖然自己不願意承認，可是當面對不能分享的愛情時，他隱隱希望自己的哥哥不要復活。這個故事後來被音樂家讓－菲力浦・拉摩改編成了歌劇，至今仍時有演出。

還是啟蒙時代的人對人性有更深的理解，用這看似狗血的三角戀故事挑破了兩兄弟故事中隱藏著的隱祕癥結：兩兄弟之間其實有一個微妙的「競爭—和解」關係。

即使在真正的神話中，在親密無間的兩兄弟之間也還是橫亙著一道隱祕的天塹，潛藏著一種微妙的競爭，後人編造的故事只是把這種競爭關係挑明了而已。在神話中，他們一個是永生的神，一個是終將一死的人，他們的故事本就是與一個和自己相似而又天差地別的人的「爭鬥—和解」歷程。這就是狄奧斯庫洛伊兄弟迷人的真諦。

狄奧斯庫洛伊兄弟的故事其實蘊含著很多人類文化的深意。人們在很多神話傳說、民間故事中能夠看到相似的母題：出身相似的兄弟姐妹天差地別。在北歐神話中，他們是光明神巴德爾（Baldr）與他的孿生弟弟黑暗神霍德爾（Hodur）；在《灰姑娘》中，她們是美麗善良的灰姑娘與兩個醜陋惡毒的姐姐；甚至《冰雪奇緣》中的愛莎（會魔法的女王）與安娜（平凡的公主）姐妹身上也有這樣的影子；很多人熟悉的動漫《聖鬥士星矢》裡更是直接將雙子座設置成了一明一暗的孿生兄弟。

這世上有誰人比雙胞胎手足更相似？又有什麼人比狄奧斯庫洛伊兄弟這樣的雙胞胎更天差地別？他們就像每個人靈魂的兩面：普通人既是卡斯托，又是波路克斯；既會像卡斯托那樣弱小易碎，又能像波路克斯那樣強大永恆。這兩兄弟都隱藏在我們每個人的心裡，他們的差別與爭鬥就是每個人內心的衝突。

就像卡斯托和波路克斯總是交替出現一樣，每個人心中不同的情感、價值觀也常常是這麼相互鬥爭。所以，人們常常能在那些與兄弟姐妹衝突的故事中得到共鳴。他們終於學會了如何分享生命，彷彿在向世人展示：人要學會和自我和解，才能得到永恆的幸福。

卡斯托與波路克斯
西元 2 世紀／大理石雕像／羅馬卡比托利歐廣場（市政廣場）

這兩座雕像原本被發現於古羅馬的雙子神廟，米開朗基羅重新設計、修整市政廣場之後，人們把這對雕像搬到了廣場前，成為當代羅馬著名的旅遊景點，網紅拍照打卡聖地。

古羅馬時期建有卡斯托和波路克斯神廟。傳說羅馬城是由羅穆盧斯（Romulus）與瑞摩斯（Remus）在一夜之間建造成的。由於他們倆是孿生子，所以在建城過程中得到了同為雙生子的卡斯托和波路克斯兄弟幫助。不過，他們的命運與雙子座截然不同，羅馬城建成之後，兩人都想以自己的名字為這個新城命名，因此發生了爭鬥、殘殺。最後，羅穆盧斯殺死了瑞摩斯，以自己的名字將這座新城命名為羅馬（Roma）。也許是因為建城傳說的關係，古羅馬人非常崇拜卡斯托和波路克斯，還為他們建了神廟。不知道是感謝他們幫忙建城，還是感嘆他們遠遠超過羅穆盧斯兄弟的手足情義。

兩兄弟，一條命　雙子座

雙子座

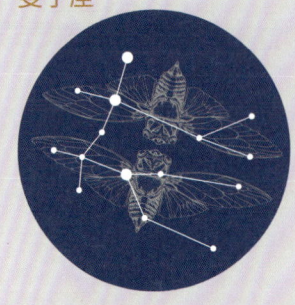

雙子座中，一左一右兩顆亮星各自引領了一串較暗的小星，正像是並排在一起的兩兄弟。這個星座裡肉眼可見的星有 47 顆，但其中最亮的不是 α 星，而是 β 星。雙子座 β 在中國被稱為北河三，其視星等為 1.16；雙子座 α 在中國被稱為北河二，其視星等 1.58，比 β 星稍微暗一點點。

此前介紹過，拜耳命名法裡一般把最亮的星定為 α 星，其次類推，為什麼在雙子座裡最亮的反而是 β 星呢？事實上，並非所有的星座最亮的星都被命名為 α 星。現在，全天 88 個星座中，有 59 個星座中最亮的星是 α 星，但是其中也有 12 個星座中最亮的星是 β 星，而 α 星則是第二亮星，雙子座就是其中之一。

最亮的星沒被命名為 α 星，則各有各的原因。例如，天龍座內最亮的星是 γ 星，但是天龍座 α 星地位特殊，它是 4000 年前的北極星，而且出於歲差的原因，西元 20346 年時它會再次成為北極星，也算對得起占著 α 星這個重要的位置。不過，同樣的事情在雙子座似乎更可以做神話上的解釋：既然 α 星與 β 星分別代表著那對兄弟，那自然是 α 星代表哥哥，β 星代表弟弟——偏偏這對兄弟中哥哥是凡人、弟弟是神仙。因此，β 星比 α 星更明亮，又格外切合這兩人的身分。

很多人都說雙子座的人像萬花筒一樣變幻莫測，這大概是因為雙子座同時擁有、分享著一天一地兩個靈魂吧。這也使得雙子座的人活力四射，永遠喜歡新鮮感，擁有一顆不老的心。

天鵝座

天鵝座（Cygnus）真是一個名如其實的星座。每年夏秋之際，星座裡的亮星們排成了一個大大的天鵝，高昂著長長的頭頸展翅由東北方升上天空，到天頂之後又調轉身子，像被射落的天鵝一樣變成頭下尾上地沒入西北方的地平線。夏秋季節是觀測天鵝座的最佳時期。

天鵝座內最亮的α星在中國古代被稱為天津四，它位於天鵝的尾部，和牛郎星（天鷹座α）、織女星（天琴座α）一起組成了一個三角形，被稱為夏季大三角。即使在當代的大都市裡，只要避開強烈的燈光干擾，就能看到這個明顯的大三角。人們在七夕節觀看牽牛星、織女星的同時，不妨也找找這顆天津四，順便沿著它找到天鵝座。西元9800年時，這顆星將成為新的北極星。

天鵝座

天貓座

天貓座（Lynx）內全是暗星，最亮的一顆星也只有3等，而且3等星還就只有一顆，不是眼力好的人很難發現這個星座。

天貓座的位置靠近北斗星，整個北半球都能看到，每年1—3月是最佳觀測時間。1月19日午夜，天貓座升到最高位置，在北斗星和御夫座之間、雙子座之北。

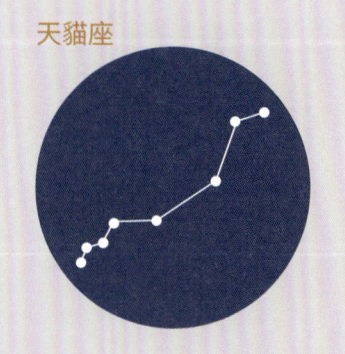

天貓座

雙子座，兩兄弟，一條命

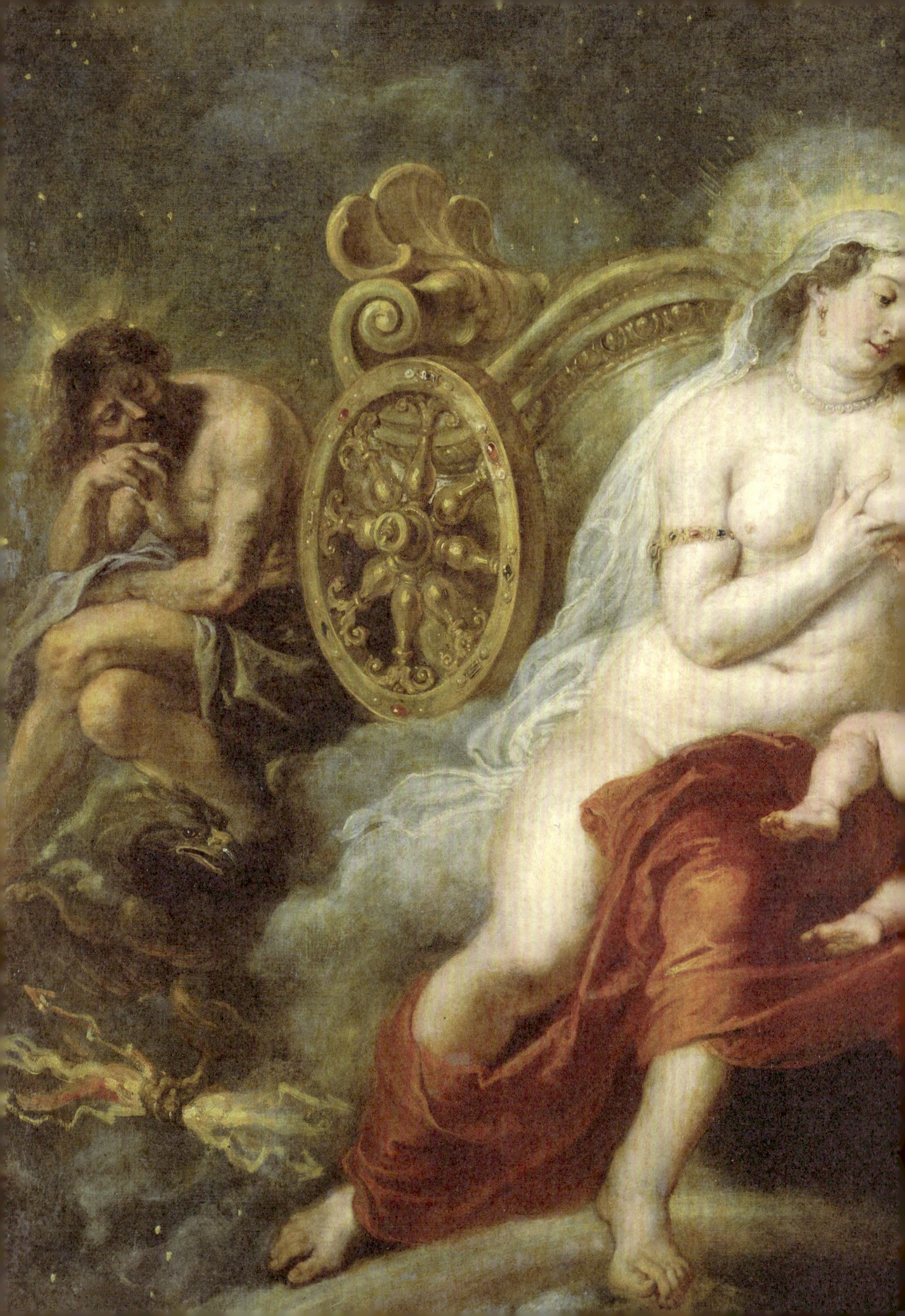

Chapter 4

來自嫡母的最強考驗
巨蟹座與獅子座
Cancer & Leo

1

銀河的誕生

　　赫拉克勒斯是一個「英雄」：根據這個詞的本義來說，他是半人半神，他是天神宙斯與凡人的私生子。宙斯與許多凡間美女有過風流情史，生了很多赫赫有名的私生子，但赫拉克勒斯從一出生起，就得到了宙斯的偏愛。

　　赫拉克勒斯的母親名叫阿爾克墨涅（Alcmene），是底比斯國王安菲特律翁（Amphitryon）的妻子。宙斯趁安菲特律翁外出打仗時，給太陽神和月亮女神都放了個小長假，讓一個黑夜有平時的三倍那麼長。等到安菲特律翁凱旋，發現妻子已經懷孕了。阿爾克墨涅雖然生下了宙斯的兒子，可是她知道赫拉的厲害，害怕被報復，根本不敢撫養這個孩子，所以悄悄地把小赫拉克勒斯遺棄了。

　　但是一個剛出生的孩子離開了母親的懷抱，根本活不下去！宙斯看到這種情形心有不忍，就趁赫拉睡著的時候，悄悄地把這孩子放到了赫拉的胸脯上。饑餓的小傢伙哪裡知道誰是自己真正的母親，立即「使出吃奶的力氣」狠狠地吃了一口奶。小傢伙的力氣太大了，居然咬痛了赫拉，把她給咬醒了！當赫拉發現宙斯抱著一個陌生的小男孩在找自己吃奶，立刻把這孩子給扔出去，此時的赫拉克勒斯還在貪婪地吮吸乳汁。於是，一大股乳汁被連帶著和孩子一起噴出來。這道乳汁噴射到了天空中，彷彿形成一條乳白色的小路。

　　這就是銀河的由來。銀河在英文中被寫作 Milk Road，也就是「奶

汁之路」。這個奶汁不是一般的牛奶，而是「牛眼赫拉」的乳汁。

現代人都知道，銀河其實是個螺旋形的星系，生活在其中的人類只能看到它非常有限的一部分，它在我們眼中成為一條夜空中亮白的光帶。東方與西方的古人都不理解為什麼夜空中會有這條光帶，都在用自己的浪漫想像解釋它的形成。

在中國神話中，銀河是王母娘娘扼殺牛郎織女愛情的產物，是隔絕情感、同時也是隔絕了人（牛郎）與神（織女）的冰冷天塹。在東方與西方神話中，人與神之間，原本都是有一道不可逾越的天塹，而挑戰這道天塹、努力彌補由出身、血統帶來的社會差異，也一直是東方人與西方人共同努力的目標。

在中國的神話故事裡，牛郎憑藉什麼戰勝了銀河？

──用自己的真誠感動了協力廠商！從此，每年農曆七月七日，被他們愛情感動的喜鵲們仗義地用自己的身軀搭建起了一條虹橋，讓真誠的人能夠跨越外力的阻隔，戰勝天規天條（寓意社會習俗與規範）。在農曆七月七日的那一夜，牛郎可以短暫地得到一天「神」一樣的待遇，可以棲身神族，和神平起平坐。

在希臘的神話故事裡，銀河又是什麼？

──乳汁之路，那是一條路！既然是路，就可以走，就有通往的方向。只要路上的人足夠努力，就終究能夠抵達路的盡頭，到達那個前進的方向。

在赫拉克勒斯的故事裡，是宙斯給了赫拉克勒斯生命，但又恰恰是赫拉為他鋪開了一條人生之路。最初的「乳汁之路」只是一個頗具象徵意味的起點，赫拉克勒斯的一生就是在走赫拉為他設計的路。這條路有坎坷、有危險，可是肉體凡胎的赫拉克勒斯只要能夠堅持到底，就一樣能夠一步步走上奧林匹斯山，走上眾神的殿堂。但是，這個傳奇英雄的一生，卻還是要從這條「乳汁之路」開始說起。

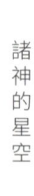

銀河的起源

丁托列托／1575 年／布面油畫／149.4cm×168cm ／倫敦英國國家美術館

丁托列托是文藝復興後期威尼斯畫派的重要畫家，這幅作品是他的代表作。畫面中寶石般的藍色和紅色形成豔麗的搭配，這是威尼斯畫派常見的配色特徵。與此同時，與佛羅倫斯人習慣的穩定構圖不同，這幅畫用對角線構圖營造了激烈的動盪感，觀察點帶有微微的俯視特徵，這也是威尼斯畫派的創作特點。此外，畫中赫拉身後華帳上閃耀的珠寶、若隱若現噴出的乳汁和乳汁中迸現的閃耀群星，也體現了威尼斯畫派注重光影變幻的特點。

這幅作品的創作時間雖然只比前幅畫晚幾十年，可是風格卻有了很大的改變。作為巴洛克時期的藝術家，魯本斯的作品增加了「光」的作用，天后赫拉的身體在暗淡的背景中彷彿自帶光源一樣閃閃發光，顯得特別神聖高貴。乳汁、星空、星芒隱約閃爍，有一種光影變幻的迷離之美。

銀河的誕生
彼得・保羅・魯本斯／1636—1638 年／布面油畫／181cm×244cm ／馬德里普拉多博物館

2

嬰兒與蛇

　　宙斯見自己詭計敗露，難為情地把孩子重新送回了他的母親那裡。赫拉此時已經知道了這個孩子的存在，更因他「偷吃」自己的乳汁而氣憤，決定不放過這個孩子。與其等孩子長大之後再處置會帶來麻煩，不如就乾脆趁孩子還小的時候下狠手。於是，她悄悄派了兩條毒蛇去人間，讓它們咬死小赫拉克勒斯。

　　此時的赫拉克勒斯還只是一個躺在搖籃裡的小嬰兒，他可是喝過赫拉乳汁的，哪怕只喝了一口，也已經順帶獲得了赫拉神奇的力量。宙斯的血統加上赫拉的哺育，已經讓這孩子幾乎擺脫了肉體凡胎。他在搖籃裡看到兩條毒蛇，不哭不鬧，居然直接伸出胖乎乎的小手，一手一個，狠狠掐住了毒蛇。像擺弄玩具一樣，他笑嘻嘻地就掐死了這兩條來自神界的毒蛇。

　　這情形太令人震撼了，把國王安菲特律翁看得又驚又喜，他接受了這個孩子，認定了這是宙斯賜給他的禮物，還讓占卜者占卜孩子的未來。當時最有名的占卜者提瑞西阿斯（Tiresias）預言：這孩子長大後將殺死陸上和海裡的許多怪物，戰勝巨人，在歷盡艱險後會得到像神祇們一樣永恆的生命。

小赫拉克勒斯殺死毒蛇
魯本斯工作室／1640年／布面油畫／122.6cm×91.2cm／私人收藏

3

站在人生的岔路口

　　看著自己的陰謀被一個小嬰兒挫敗，赫拉似乎也認命地放棄了，不再繼續迫害小赫拉克勒斯。赫拉克勒斯也因此平安長大，直至成為一個青年。

　　一天，赫拉克勒斯在一個岔路口遇到了兩個自稱女神的美麗女士，兩人要他在她們倆提供的命運中選擇一個。她們分別是善德女神（Virtue）和惡德女神（Vice）。一個說，赫拉克勒斯可以擁有安逸、享樂的一生，他可以什麼都不努力就坐擁財富，活得輕鬆愜意、無憂無慮，雖然死後什麼名聲都得不到，但他的一生卻是平凡而幸福的。另一個說，赫拉克勒斯可以讓自己一生充滿痛苦、挑戰、磨難，但是死後可以得到巨大的榮譽與名聲，他的一生可以艱辛卻充實。

　　這樣的兩條人生之路，赫拉克勒斯該怎麼選？

　　如果每個人在 18 歲的時候都有這樣的人生選項，你會怎麼選？畢竟，其中一個選項意味著不用費力複習考試，不用辛苦讀大學、努力找工作，不用忍受擁擠的捷運，不用煩惱飆漲的房價，更不用擔心未來的婚禮費用和學區宅……。假設真的有人這麼悄悄地、不為人知地還保證兌現地給出一個人生選項，恐怕很多人都願意選那個不勞而獲的安逸一生吧？

　　憑良心說，這個選擇其實很難，每個人年輕時都保有一顆揚名立萬、建功立業的雄心，不甘心讓自己的一生碌碌無為；但是人類的本能

又讓我們總在趨利避害，下意識地不願意面對苦難與挑戰。誰都想不用付出太多代價就能獲得巨大的成功與聲望，可是，偏偏命運沒有提供這樣便捷的選擇。

寓言或騎士的夢
拉斐爾・桑齊奧／約 1504 年／木板油畫／ 17.1cm×17.3cm ／倫敦英國國家美術館

拉斐爾的作品也許真正揭示出了這種選擇之難的真相。他並沒有讓赫拉克勒斯堅定而輕易地做出選擇：赫拉克勒斯在兩位女神之間閉上了雙眼，幾乎睡著了。這才是真相，人在痛苦的「書」和享樂的「花」之間其實是很難做出抉擇的。

畫中的兩個人誰是善德女神，誰是惡德女神？可能，很多人首先會將女神的白衣當作純潔、典雅的象徵，認為她是善德女神。但事實上，真正的判斷還要參考畫中其他諸多象徵符號。

白衣女神的身旁有兩個明顯的面具，面具的象徵意義中外相通，暗示著虛偽與欺騙；而藍衣女神的身旁蹲著個肌肉健碩、手拿書本的男子，他的身材與動作象徵了學習與工作。可見，白衣女神才是真正的惡德女神，而藍衣女神是善德女神。兩位女神的裝扮與環境也與她們的身分相關。白衣的惡德女神頭戴珠寶，腳踏鮮花，那是安富尊榮的標誌；藍衣的善德女神衣飾簡樸，腳踏崚嶒的山石，這是腳踏實地、辛苦艱辛的象徵。

相應地，畫家也用其他符號表達了對兩位女神所指的人生道路的價值評判：善德女神的手向上指，示意了一條蜿蜒的小徑。小徑雖然崎嶇、艱難，但那條路盤旋著向上，彷彿升上天際，就如同山下的男子頭戴桂冠，它隱喻著這條人生道路雖然坎坷辛苦，卻能讓人最終得到成功與榮譽，寓意一切幸福與美好都必須經由辛勤努力與不斷奮鬥來獲得。相反，惡德女神的手向下指，但她指向的是幽暗的森林，沒有人知道前路在哪裡，黑暗的盡頭會是何方。為什麼畫家要讓惡德女神穿純潔的白色，讓善德女神穿紅色和藍色呢？從中世紀開始，紅色和藍色是高貴聖潔的顏色。當時的人認為，藍色是天空的顏色，天空是天國所在地，故而用藍色代表著信念與純潔。紅色是血的顏色，宗教故事中耶穌為拯救人類流盡自己的血，所以紅色是神聖的顏色，代表上帝的關愛。這幅畫作是文藝復興晚期的作品，那個時代的色彩文化深受中世紀文化影響。中世紀及文藝復興時期的繪畫作品中的耶穌、聖母總是穿著紅藍色的服裝，就是基於這樣的文化理念。相反白色卻是內衣的顏色，惡德女神的一身白衣反而接近今日的「一身睡衣」，這在當時有強烈的誘惑意味。

赫拉克勒斯在岔路口

阿尼巴爾·卡拉契／1596 年／布面油畫／165cm×239cm ／拿坡里卡波迪蒙特博物館

赫拉克勒斯終於還是選擇了後者：他寧願過坎坷、艱辛的一生，也不願意在死後才發現什麼也沒得到，一生碌碌無為。這不禁讓人想到《鋼鐵是怎樣煉成的》中那著名的一段話：「一個人的生命應當這樣度過：當他回首往事的時候，他不因虛度年華而悔恨，也不因碌碌無為而羞愧。」

大衛・加雷克在悲劇與喜劇之間
約書亞・雷諾茲／1760—1761 年／布面油畫／147.6cm×183cm／英國沃德斯登莊園

大衛・加雷克是 18 世紀著名的英國演員、劇作家、戲劇導演、劇院經理。作為劇院經理，他取消了舞臺上的觀眾席（此前觀眾可以坐在戲劇舞臺上「近距離」觀看演出），奠定了現代的劇場形制。作為戲劇演員和導演，他鍾愛莎士比亞戲劇，舉辦了最早的幾次莎士比亞節，透過自己的努力不斷引發英國人對莎士比亞的熱愛。許多 18 世紀的藝術家都曾為這位當時最負盛名的演員畫過肖像。雷諾茲的這幅作品讓他夾在輕佻的喜劇女神與嚴肅的悲劇女神之間，畫家用這種構圖把他比作了文化界的赫拉克勒斯。

4

欲承其名，必承其重

　　不久之後，赫拉克勒斯聽說附近國王安菲特律翁的牧場裡有一頭可怕的獅子在為非作歹。他彷彿聽到了善德女神的召喚，立刻前往那裡和獅子搏鬥。他憑藉過人的力量和武力，不僅打死了這頭獅子，還剝下了獅皮披在肩上，把它當作自己的鎧甲，並把獅子頭割下來頂在頭上當作頭盔。

　　從此以後，西方美術作品中的赫拉克勒斯要嘛露出一身肌肉赤膊上陣，要嘛披獅皮、頂獅頭，絕不會穿著正常的盔甲出現在人們的視野中。

　　這尊雕像是西元 2 世紀羅馬帝國時期的作品，於 1864 年在龐貝劇場附近被發現。雕像中的赫拉克勒斯手持大棒、身披獅皮，這是赫拉克勒斯最標準的打扮。這尊雕像被發現時被整齊地埋在地磚下，說明它是被古人有意埋入的。為什麼？地磚磚面上刻著「FCS」，這是拉丁語「fulgur conditum summanium」的縮寫，表明這尊雕像被閃電擊中後就被當時的人原地埋下了。

赫拉克勒斯
西元 1 世紀末—3 世紀初／鍍金青銅像／梵蒂岡博物館

來自嫡母的最強考驗　巨蟹座與獅子座

這一戰只是讓赫拉克勒斯聲名初顯。此後，他又參與了一些戰鬥，甚至還幫助宙斯等奧林匹斯神一起戰勝了從塔爾塔羅斯跑出來的泰坦們。一系列成功讓他獲得了巨大的聲譽，他迎娶了底比斯國王的女兒墨伽拉（Megara）為妻，並和墨伽拉生了三個兒子。曾經和他一起並肩作戰的神界哥哥姐姐們也送了很多禮物給他，荷米斯送了一把劍，阿波羅送了一把弓，赫費斯托斯送了一個金箭袋，雅典娜送了一面青銅盾。

看起來，赫拉克勒斯已經人生順遂，可以獲得安逸的一生了。但他的選擇並沒有白做，命運之輪這才剛剛轉動起來。赫拉克勒斯的母親阿爾克墨涅是英雄帕修斯（Perseus）的孫女，所以赫拉克勒斯也算得上是帕修斯的後裔。帕修斯後裔眾多，宙斯曾經在赫拉克勒斯出生之前做出過規定：先出生的帕修斯後裔統治其他的帕修斯後裔。

宙斯做出這規定時認定了赫拉克勒斯會率先出生，私心想讓他成為希臘權力最大的國王。當時，赫拉克勒斯的母親懷的是雙胞胎，一個是她與宙斯的兒子，一個是她與人間丈夫的兒子——論母系血統，這兩個孩子都是帕修斯的後裔。赫拉抓住預言的漏洞，調整了兩個孩子的出生順序：讓原本的弟弟成為哥哥，原本的哥哥成為弟弟。

赫拉克勒斯因此有了個同母異父的哥哥歐律斯透斯（Eurystheus），他還是提林斯（Tiryns）的國王。由於宙斯那偏心的預言，這兩兄弟註定了不會像雙子座兄弟一樣相親相愛。赫拉克勒斯必須服從歐律斯透斯的命令，不管那傢伙有多平庸。

偏偏歐律斯透斯真是個平庸的人，這讓赫拉克勒斯非常不滿，他向宙斯抱怨，不想遵守那個規定。可是，宙斯也不能背棄自己的諾言，他要求赫拉克勒斯必須遵從歐律斯透斯的命令，這讓赫拉克勒斯更加痛苦。赫拉看到這狀態，故意加劇了赫拉克勒斯的痛苦，讓他在一次痛苦的瘋狂中親手殺死了自己的三個孩子。

狂怒的赫拉克勒斯
亞歷桑德羅・圖爾希／1620年／布面油畫／166cm×236.5cm／慕尼黑老繪畫陳列館

　　等到清醒之後，赫拉克勒斯面對自己雙手的鮮血又痛苦萬分，他決心贖罪，收起自己的自尊與傲慢，主動找到歐律斯透斯，要以為他服務的方式來自我救贖。歐律斯透斯得到赫拉的授意，宣布赫拉克勒斯必須完成十個「不可能完成的任務」才能獲得原諒，贖清罪孽。

　　第一項任務是殺死一頭名叫涅墨亞（Nemea）的巨獅，剝下獅皮帶回來。和他此前打死的獅子不同，這頭獅子是巨人堤豐（Typhon）和半人半蛇的女怪物艾奇德娜（Echinda）所生的兒子，凶惡異常。赫拉克勒斯背著箭袋，一隻手拿弓，另一隻手拿著從赫利孔山（Helicon）上連根拔起的橄欖樹做成的木棒，找到了涅墨亞生活的地方。他埋伏在小路上，等獅子經過時拉弓射了一箭。可是，那箭頭卻像射到最堅硬的鋼板上一樣，不但沒能傷著獅子，反而被彈了回來。這一下也驚動了獅子，它四處張望，尋找偷襲者。赫拉克勒斯又朝它的心臟射了第二箭，但是

仍然沒用。赫拉克勒斯要射第三箭時，獅子發現了他，憤怒地向他撲來。赫拉克勒斯扔下手中的箭，丟掉披在身上的獅皮，揮著木棒朝獅子頭狠狠打去。一人一獅奮力搏殺，直到最後，赫拉克勒斯扔掉了全部裝備，連大木棒都不要了，乾脆用自己鐵塔一樣的雙手狠狠卡住獅子的脖子，活生生地把獅子掐斷了氣。

赫拉克勒斯與獅子搏鬥
拉斐爾及其學生／16世紀初／濕壁畫／羅馬法爾內塞別墅

下圖中拉斐爾師徒作品中的赫拉克勒斯用一條腿勾住獅子的脖子，雙手牢牢扳住獅口不讓它合攏傷人，很明顯是用腿部力量絞殺獅子，用雙手和獅口搏力也比較科學。

赫拉克勒斯與涅墨亞獅子搏鬥
彼得・保羅・魯本斯／1639年／布面油畫／布加勒斯特羅馬尼亞國家藝術博物館

和拉斐爾師徒的作品相比,顯然此圖魯本斯畫中赫拉克勒斯的格鬥技巧稍遜一籌。在魯本斯的作品中,赫拉克勒斯是用手部力量扼住獅子的後頸,且不論手部力量與腿部力量的差距,僅僅是手的長度就做不到完全絞殺獅子,更何況獅子絕大部分的身體是自由的,隨時可以用身體撲倒赫拉克勒斯。也許畫家也覺得自己筆下的赫拉克勒斯有點懸,故意讓他踩踏在一隻死豹子上來增加他的氣概。

殺死獅子之後,赫拉克勒斯發現剝獅皮又成了一個大麻煩:這獅子的皮實在太硬了,刀槍不入,什麼工具也刺不破。折騰了好久,他終於想到一個好辦法:用獅子自己的爪子先抓出了一道縫,這才把獅皮剝了下來。他用這神奇的獅皮做了一件新的鎧甲,又用這頭獅子的頭代替了自己的頭盔。現在,他的裝束看上去沒有變化,但已經是升級的2.0版本了。

赫拉見兇猛的涅墨亞巨獅居然被赫拉克勒斯徒手掐死了,便把它升上空中,成為獅子座。

獅子座

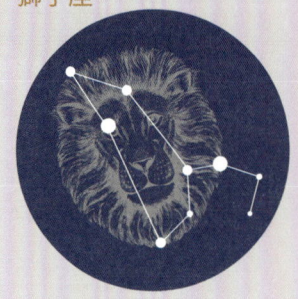

獅子座是北斗星南面的一個明亮星座，在春季星空中很容易辨認。

獅子座內最亮星的 α 星在中國被稱為軒轅十四，視星等為 1.36，雖然在全天最亮的恆星中僅排在第二十一位，但春季的夜空缺少亮星，它是最醒目的一顆，可以稱得上是春星之王。將北斗星的第三、第四星（從斗算起）連成直線延長十倍，遇到的亮星就是它了。它位於獅子座的正中央，代表獅子的心臟。和獅子座 η、獅子座 γ、獅子座 ζ、獅子座 μ、獅子座 ε 等幾顆亮星一起由南向北組成了一個反寫的問號，它們代表了獅子的前額、頭、頸及鬃毛、尾巴等部分。明亮的獅子座 β 則是獅子的尾巴。

獅子座是個「古老」的星座，早在 4000 多年前的古埃及就存在了。據說，古埃及人發現每到夏季，當太陽移到這個天區時，尼羅河的河谷就有許多獅子從沙漠中跑出來乘涼喝水，獅子座就因這些尼羅河谷的獅子而得名。後來，希臘天文學家托勒密列出 48 星座時，也沿用了獅子座這個名字，並且把它和赫拉克勒斯殺死涅墨亞獅子的功績聯繫了起來。但是，那時的獅子座比現在的大許多，1602 年，丹麥天文學家第谷·布拉赫重新劃分星座區域的時候，把獅子座中獅子尾巴上的一部分星群劃分成了另一個獨立的星座，它就是現在的后髮座。所以，順著獅子座往西看，到達獅子的尾巴部分，就能看見后髮座了。不過，這個星座很暗淡，最亮的星也只有 4 等，是「獅子」一根非常不明顯的「尾巴」，難怪被人「割」去了。

后髮座

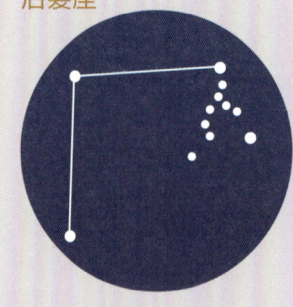

很多人說獅子座出生的人活力四射，積極有為，但是獅子座的人脾氣有點暴躁，而且很善於表現自己的魅力來吸引異性。這哪裡是獅子的特點，分明是獵殺了獅子的赫拉克勒斯的性格啊！

5

人生如逆旅，我亦是行人

赫拉克勒斯的第二項任務是殺死一條凶惡的九頭蛇。這條九頭蛇也可稱許德拉（Hydra），也是怪物堤豐和艾奇德娜所生的女兒。它早已為害一方，赫拉克勒斯決定為民除害。

這次行動，赫拉克勒斯沒有單打獨鬥，他帶上了助手伊俄拉俄斯（Iolaus）。他是赫拉克勒斯的侄子，也是他終身的夥伴。赫拉克勒斯的情史和他的父親宙斯一樣氾濫，但伊俄拉俄斯卻是和他在一起時間最長、最不離不棄的那個。這大概是因為他參與了赫拉克勒斯絕大部分的冒險經歷，共同的經歷讓他們不離不棄。

這一回，赫拉克勒斯帶著伊俄拉俄斯一起來到九頭蛇生活的山洞，他在洞口射了幾箭。九頭蛇感受到有人挑釁，立刻高昂著九個頭，九個頭都「嘶嘶」地吐著蛇信，衝到赫拉克勒斯面前。赫拉克勒斯毫不畏懼，舉起木棒奮力去打蛇頭，幾乎一棒下去就把一個蛇頭打碎了。可是，還沒等他緩口氣，就發現斷裂的蛇頸處立刻又長出了一個頭。就這樣，每當他打碎一個蛇頭，立刻在原處又長出一個新的，九頭蛇仍然是九頭蛇，好像永遠打不死。

赫拉克勒斯見一味廝殺沒有用處，便和伊俄拉俄斯合作，自己每打碎一個蛇頭，就讓伊俄拉俄斯立刻在旁邊拿火炬燒蛇的斷頸，果然，蛇頭斷裂處的傷口一被火燒焦後再也長不出新的蛇頭。看來，赫拉克勒斯果然跟隨名師凱隆學過醫術，知道用火燒傷口能幫助止血的道理。就這

樣，憑藉格鬥技術和醫學常識，赫拉克勒斯轉眼間解決了八個蛇頭。

眼看只剩中間最後一個蛇頭了，赫拉克勒斯勝利在望。天上的赫拉看到這一幕，卻不甘心讓赫拉克勒斯這麼輕易獲勝，從海裡叫來一隻巨大的螃蟹，讓它給九頭蛇幫忙。這隻巨蟹用它強有力的雙鉗狠狠夾住赫拉克勒斯的腳。赫拉克勒斯正和九頭蛇激戰，突然跑來一隻大螃蟹給九頭蛇幫忙，低頭一看這隻大螃蟹還夾住了自己的腳，他怒不可遏，一棒就把這不自量力的傢伙給打碎了。

趁著這空擋，赫拉克勒斯終於砍下了九頭蛇中間的那顆頭——那是唯一一個被砍下後不會再生的頭。九頭蛇終於死了！赫拉克勒斯把那個不死的蛇頭埋在路旁，又把蛇身劈作兩段，他把自己的箭浸泡在蛇血裡。這蛇血有劇毒，從此以後，他的箭也就成了毒箭，而且中箭的人無藥可醫。

這一戰之後，赫拉克勒斯獲得了升級版的武器。九頭蛇隨著近年紅遍全球的超級英雄片倒是聲名大噪了。其實那隻最後參戰的大螃蟹名聲更大，它後來也被升上了天空，成為巨蟹座。九頭蛇也成為長蛇座。

注 意赫拉克勒斯腳下的螃蟹，它看上去更像龍蝦。在當時影響最大的星座圖中，巨蟹座就是被畫成一隻龍蝦的模樣。

赫拉克勒斯與九頭蛇
法蘭西斯科·德·祖巴蘭／1634年／布面油畫／133cm×167cm／馬德里普拉多博物館

不同藝術家心中的九頭蛇

拜現代影視產業的影響，在赫拉克勒斯的對手中，人們最熟悉的恐怕就是這九頭蛇了。只是，九頭蛇的九個頭應該是怎樣排列的？自然界中無人見過，不同時代的藝術家們以此為挑戰，紛紛展開了聯想。

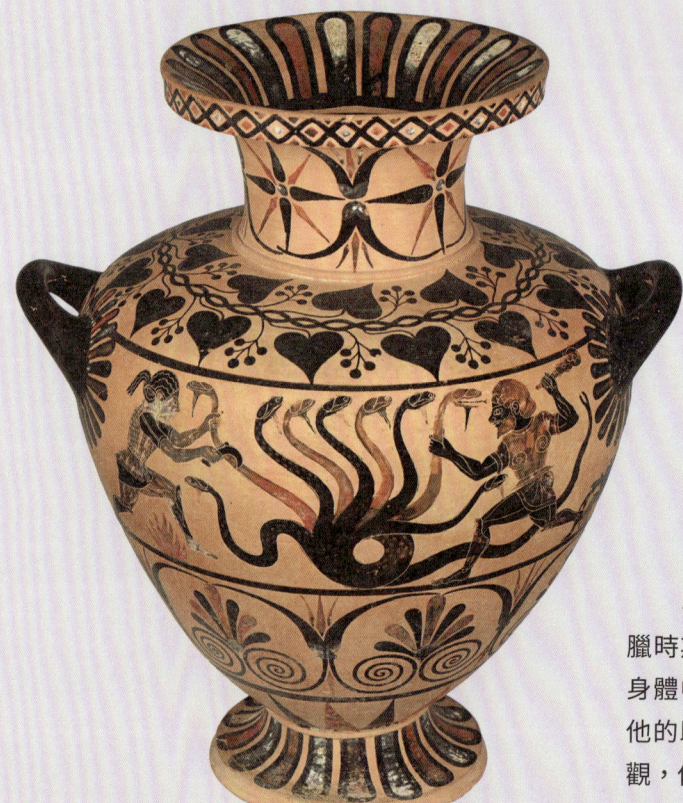

赫拉克勒斯與許德拉
西元前 520—前 510 年／
古希臘陶瓶畫／
44.6cm×38cm×33.4cm／
洛杉磯保羅・蓋蒂藝術中心

早期的想法比較簡單，古希臘時期的陶瓶畫中的九個蛇頭從身體中並列裂開。赫拉克勒斯和他的助手各自攻擊一端，場面壯觀，但也有些呆板。

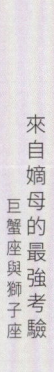

赫拉克勒斯與許德拉
安東尼奧·波拉約洛／1475年／
木板蛋彩畫／17cm×12cm／
佛羅倫斯烏菲茲美術館

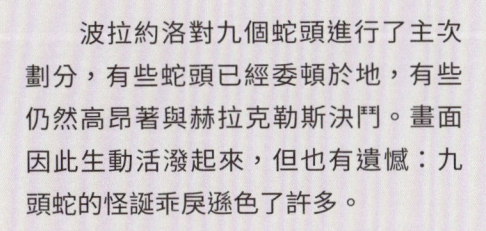

赫拉克勒斯與許德拉
居斯塔夫·莫羅／1875—1876年／
布面油畫／179.3cm×154cm／
芝加哥藝術學院

　　波拉約洛對九個蛇頭進行了主次劃分，有些蛇頭已經委頓於地，有些仍然高昂著與赫拉克勒斯決鬥。畫面因此生動活潑起來，但也有遺憾：九頭蛇的怪誕乖戾遜色了許多。

　　莫羅的作品綜合了前人的想像，九頭蛇的九個頭呈樹狀排列，因此保留了蛇的大部分形體特徵，也突出了中間蛇頭的強勢地位。這也讓高昂起頭的怪蛇顯得更陰森恐怖。

來自嫡母的最強考驗 巨蟹座與獅子座

125

巨蟹座

巨蟹座是十二星座中最暗的一個。座內最亮的 β 星的視星等也不過 3.53。現代人要找到這隻大螃蟹，還需用藉由其他幾個星座來幫助定位。巨蟹座的東邊是獅子座，西北邊是雙子座裡明亮的兩顆主星，西南邊是明亮的小犬座。在這個幾顆亮星之間，有 6 顆暗淡的星排成了一個蝴蝶的形狀，這就是巨蟹座。

很多藝術作品把巨蟹座畫成龍蝦的模樣，這是受 17 世紀波蘭天文學家約翰‧赫維留斯的影響。他是一個頗有藝術天分的天文學家，他繪製的一套星座圖譜在當時影響很大。但波蘭語中「龍蝦」和「螃蟹」是同一個詞，所以他筆下的巨蟹座活像一隻煮熟的小龍蝦。這個誤會影響了許多當時畫家。但在古希臘人的陶瓶畫中，巨蟹座仍然被畫成中國人熟悉的螃蟹形象。

中國古代把巨蟹座所在的星空稱為鬼宿。那是因為這個星座裡有一團如雲非雲，似星非星的天體散發著青白色的光輝猶如一團鬼火。中國古人把它想像成地獄的入口，以為人死後的靈魂會飛進這團「氣」中。現代人已經了解到，那不過是一個疏散星團。古人沒有望遠鏡，不明白這一團「氣」其實是由 500 多顆相互靠近的恆星組成的，才會有這樣的理解。這誤會的實質與以為銀河是天上的一條河一樣。

有人說巨蟹座出生的人特別重視家庭，對家人溫柔體貼，工作中敏感低調，具有深藏不露的個性。這「重視家庭」大概是因為希臘神話中的那隻巨蟹受婚姻女神赫拉所托，算是為了保護家庭與婚姻而奉獻了生命；而巨蟹座的「深藏不露」，大概源於天空中的巨蟹座星體黯淡吧。

6

十項不可能的任務

　　赫拉克勒斯要完成的十件任務，其構成很像唐僧所經歷的「九九八十一難」。在去西天取經的路上，那師徒四人面對的不僅是猛獸強敵──如同赫拉克勒斯最先面對的涅墨亞巨獅，更強大、更麻煩的敵人往往是那些有著深厚「背景」的妖魔鬼怪。在《西遊記》故事中，真正給孫大聖帶來最多麻煩的，是那些菩薩、老君的坐騎、下屬，而且往往當孫悟空即將降服他們之際，妖怪背後的大佬們都會在第一時間趕到把它們救走。

　　這幅陶瓶畫就是在描繪赫拉克勒斯向手持弓箭的狩獵女神做解釋的情形。只是，在這幅陶瓶畫中，與阿特蜜斯在一起的不是阿波羅，而是智慧女神雅典娜。雅典娜站在赫拉克勒斯的身後，像是在暗示著是她給了赫拉克勒斯勇氣和智慧。

當時的陶瓶畫家別具匠心地用白色顏料來繪製母鹿的鹿角和四蹄，讓鹿角的顏色和旁邊兩位女神的膚色一致，以此來強調這隻母鹿「金角銅蹄」的特徵。畫中的赫拉克勒斯已經折斷了母鹿的一只角，這讓狩獵女神很生氣。

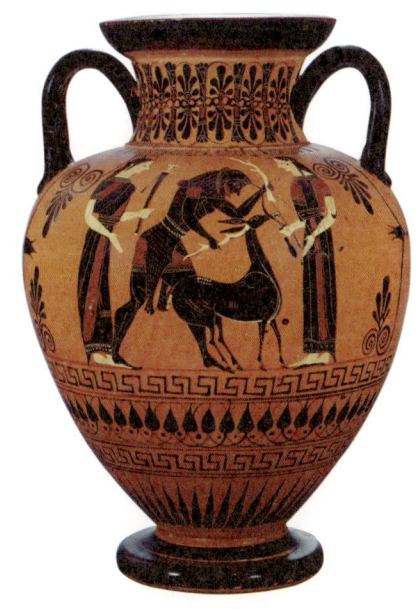

赫拉克勒斯抓住克列尼亞的母鹿
西元前 540─前 530 年／古希臘陶瓶畫／
高 39.37 cm／倫敦大英博物館

來自嫡母的最強考驗　巨蟹座與獅子座

赫拉克勒斯所面對的第三項任務就碰到了這個問題，他要到克列尼亞（Ceryneian）帶回一頭金角銅蹄的鹿。這頭鹿也大有來頭：它在狩獵女神阿特蜜斯生平第一次打獵時被女神捕獲，女神喜歡它，又把它放生了。正因如此，無論在他人還是女神自己看來，這頭被狩獵女神最先捕獲的鹿歸女神所有，即使被放生了也不能由他人侵犯。很明顯，完成抓鹿任務的赫拉克勒斯犯了忌諱。

　　赫拉克勒斯抓捕母鹿之後正扛著鹿往回走，迎面便遇上了阿特蜜斯和阿波羅。阿特蜜斯見到自己曾放生的鹿現在被赫拉克勒斯射傷了，便氣沖沖地上前責問，想再次解救這頭鹿。赫拉克勒斯見女神生氣了，花了很大的氣力向女神辯解自己不得已的苦衷，請求女神的諒解和寬恕。

赫拉克勒斯與厄律曼托斯野豬

法蘭西斯科・德・祖巴蘭／1634 年／布面油畫／132cm×153cm／馬德里普拉多博物館

赫拉克勒斯使阿爾甫斯河改道
法蘭西斯科・德・祖巴蘭／1634年／布面油畫／133cm×153cm／馬德里普拉多博物館

法蘭西斯科・德・祖巴蘭為赫拉克勒斯的每一項任務都畫了一幅畫，這些繪畫作品組成了赫拉克勒斯早期的生平。現在，這組繪畫作品都收藏在西班牙的普拉多博物館裡。

第四項任務是活捉在厄律曼托斯山（Erymanthian）一帶橫行的野豬，並且還要把牠完好地帶回去。這頭野豬原本是人們獻祭給女神阿特蜜斯的聖物，可是牠卻在厄律曼托斯山一帶糟蹋莊稼。赫拉克勒斯前往山林追捕野豬，當野豬受到驚嚇後一路飛奔，從叢林一直跑到雪地，企圖擺脫赫拉克勒斯。無論野豬怎麼跑，赫拉克勒斯都緊緊地跟在牠後面，和牠比拼耐力。最後，野豬被耗得筋疲力盡，無奈地被赫拉克勒斯

赫拉克勒斯在斯廷法洛斯湖旁
居斯塔夫·莫羅／1875—1880年／布面油畫／17.8cm×29.2cm／巴黎居斯塔夫·莫羅博物館

赫拉克勒斯與克里特公牛
西元前 500—前 475 年／古希臘陶杯畫／高 8.5cm，直徑 10cm／巴黎羅浮宮

活活套住。赫拉克勒斯按照歐律斯透斯的命令，把它活著送到提林斯。

　　第五項任務是清掃奧革阿斯（Augeas）的牛棚。奧革阿斯是厄利斯（Elis）的國王，他養了 3000 多頭牛，可是 30 多年都沒有打掃牛棚，而赫拉克勒斯按照要求必須在短短的一天內把多年的牛糞清除乾淨。赫拉克勒斯在牛棚旁挖了一條溝，把阿爾甫斯河（Alpheus）和佩紐斯河（Peneus）的河水引進來，用河水沖刷牛棚，一天之內就把多年積累的牛糞給沖得乾乾淨淨。

　　第六項任務是驅趕棲息在斯廷法洛斯（Stymphalian）湖畔的怪鳥。這些怪鳥是「死亡」和「毀滅」的象徵，它們有著鐵翼、鐵嘴和鐵爪。赫拉克勒斯用雅典娜交給他的兩面大銅鈸驚起怪鳥，用手中的弓箭將一些射落。其他一些倉皇逃走的怪鳥飛越大海，一直飛到阿瑞蒂亞島（Aretia）。

赫拉克勒斯與卡庫斯
亨德里克・霍爾奇尼斯／1613 年／布面油畫／207cm×142.5cm／
荷蘭哈倫弗蘭斯・哈爾斯博物館

第七項任務是馴服克里特島上一頭發了瘋的公牛。大家還記得金牛座故事中那頭美麗的大白牛嗎？克里特島國王米諾斯用一招「狸貓換太子」藏起了海神波塞頓的一頭大白牛，波塞頓一氣之下，不僅讓這頭牛迷惑了王后、生下牛頭怪，還讓它最終發了瘋，在島上為非作歹。此時，米諾斯正為這頭牛頭痛呢！赫拉克勒斯來到這裡，還說要制服並且帶走這頭發了瘋的神牛，米諾斯真是求之不得，立刻就答應了。

赫拉克勒斯來到公牛身邊，用力扳住牛角，躍到牛背上，很快就制服了這頭牛，把牠帶回提林斯送給了歐律斯透斯。歐律斯透斯對這頭瘋牛並沒有真正的興趣，看了一眼就讓人把牛給放了。這頭牛脫離了赫拉克勒斯的管制，很快又「舊病復發」變得狂躁不羈，直到後來被忒修斯捉住，被獻給了太陽神阿波羅。

赫拉克勒斯完成這項任務本身比較順利，但是他在回來的路上遇到了火神的兒子——三頭怪物卡庫斯（Cacus）。經過一番廝殺，赫拉克勒斯最終殺死了卡庫斯。

第八項任務是把戰神阿瑞斯的兒子戴歐米德斯（Diomedes）所擁有的一群牝馬帶回提林斯。戴歐米德斯是一位無比狂暴的國王，他養這批牝馬的飼料不是普通的草料，而是來到當地的外鄉人。赫拉克勒斯一到那裡就把這位兇殘的國王扔進馬槽餵了馬，然後打退了追兵，把馬群趕回了提林斯。據說，亞歷山大大帝騎過的一匹馬就是它們的子孫。

領主廣場與傭兵涼廊

1930年代的佛羅倫斯領主廣場

1930年代／木板油畫／91.4cm×25.4cm／私人收藏／

上圖左側有大穹頂的建築就是佛羅倫斯的聖母百花大教堂，圖最右側就是傭兵涼廊，涼廊左側的就是美第奇家族的舊宮，廣場中間的就是海神噴泉。

赫拉克勒斯與卡庫斯

巴喬‧班迪內利／1533年／大理石／倫羅倫薩領主廣場舊宮門前

　　左圖這個雕像也是人們極熟悉的作品，只是熟悉的原因並非作者有多大的名氣，而多是因為它蹭了一個大師的熱度。它被安放在佛羅倫斯的舊宮宮門右側，面對著著名的傭兵涼廊，側後方就是烏菲茲美術館，但更關鍵的是，宮門左側的雕像是米開朗基羅〈大衛〉的1873年複製品。那尊〈大衛〉只有原作的一半大小，遊客與之合影更容易，周圍往往熱度非凡。這尊赫拉克勒斯和那尊〈大衛〉簡直如同舊宮的左右門神，也因此頗得人們青睞。

諸神的星空

領主廣場和傭兵涼廊，可以說是全世界遊客去佛羅倫斯旅遊的「打卡聖地」。領主廣場是一個L形的廣場，周邊的各個建築物都見證過文藝復興時期佛羅倫斯的重大歷史，可以說是佛羅倫斯最具有文化、政治意義的地方。廣場中心有1498年處死文藝復興時期最有名的「怪咖」薩佛納羅拉的紀念圖示。這位反文藝復興潮流的修士在當時極具煽動性，以至於蠱惑了許多人主動焚毀了自己的藝術收藏，其中包括著名的畫家波提切利，他在薩佛納羅拉的蠱惑下親手燒毀了許多自己的畫作，這是藝術史上不可估量的損失。但即使如此，佛羅倫斯人在公開處死了他之後仍然被火刑的殘酷性深深震撼了，從此立法杜絕了火刑。薩佛納羅拉也成了佛羅倫斯最後一個被火刑處死的人。

領主廣場的周圍還矗立著許多著名的藝術品。其中包括矯飾主義（又稱風格主義）時期大師詹波隆那創作的科西莫一世（托斯卡納大公國第一任大公）騎馬銅像和海神波塞頓噴泉。廣場的盡頭有一座不算長的長廊，那裡面豎立著一些古希臘羅馬時期和矯飾主義時期的雕塑作品，個個都大名鼎鼎。由於這個長廊曾經駐紮過雇傭兵，常被稱為傭兵涼廊。

傭兵涼廊的對面就是舊宮，因為這是執掌佛羅倫斯政局200多年的美第奇家族最初的住宅，所以也被稱為領主宮，這是美第奇家族崛起時的住宅，正是這個家族將佛羅倫斯從一個二流城市發展成為文藝復興時期最耀眼的文化藝術之都。

傭兵涼廊側後方就是著名的烏菲茲美術館，那裡原本是美第奇家族的辦公室，現在是歐洲最負盛名的藝術博物館之一。雖然它的面積遠遠小於羅浮宮，可是那裡面美術收藏卻足以與羅浮宮的收藏齊名。羅浮宮裡的畫作藏品有2/3是法國畫家的作品，真正文藝復興時期的作品並不多，可是倘徉在烏菲茲美術館，卻能細緻感受到從中世紀晚期到文藝復興初期、盛期再到矯飾主義時期的風格變化，這座美術館本身就是一部立體的文藝復興美術史。

戴歐米德斯被他的馬吃掉
居斯塔夫·莫羅／1865 年／布面油畫／140cm×95.5cm／盧昂美術館

在莫羅畫中，赫拉克勒斯隱在陰影中，悠閒地坐在高高的圍牆上冷冷垂目，看著底下發生的一切。在 19 世紀中後期唯美主義、象徵主義盛行的時代背景下，連這個希臘神話中最「肌肉男」的人都顯得纖細秀美，若非他手上拿著標誌性的大木棒，人們很難意識到他就是肌肉遒勁的赫拉克勒斯。這幅畫中真正的主角不是他，而是被馬群撕扯著的戴歐米德斯。相同的題材，莫羅曾經畫過其他作品，在其他畫中戴歐米德斯已經被咬得鮮血淋淋。在這幅畫裡，他只有右手手腕被馬咬傷，看上去並沒有那麼恐怖。可是，這幅畫給人帶來的恐懼感卻比血淋淋的畫面更甚。因為戴歐米德斯仰面向著上方的赫拉克勒斯，而且他的視線並非向上，而是怪誕地向下，恐懼地看著地下的累累白骨——那些都是過去被他投入馬群的異鄉人。他知道自己即將遭受什麼，眼神裡蘊含著無比的恐懼與絕望。

赫拉克勒斯完成這些任務之後,和伊亞森等人一起乘坐阿爾戈號前往科爾喀斯奪取了金羊毛,勝利歸來後接受了第九項任務征服亞馬遜人(Amazon)。他和亞馬遜人作戰,活捉了對方的首領,逼迫亞馬遜女王希波呂忒(Hippolyta)獻出了自己的腰帶。

赫拉克勒斯獲得系列勝利之後,在返回提林斯的途中經過特洛伊,在那裡與特洛伊國王結怨,為特洛伊戰爭埋下了伏筆。回到提林斯之後,赫拉克勒斯立即得到了自己的第十個任務牽回巨人革律翁(Geryon)的牛群。

赫拉克勒斯與希波呂忒
洛倫佐‧馬蒂耶利／
1728－1729 年／
大理石雕像／
維也納霍夫堡宮門口

霍夫堡宮於 1726 年由約瑟夫‧伊曼紐爾‧菲舍爾‧馮‧埃爾拉赫設計,直到 1893 年才由斐迪南‧克施納最終完成。宮門兩側入口有義大利巴洛克雕塑家洛倫佐‧馬蒂耶利於 1728－1729 年創作的四尊描繪赫拉克勒斯功績的雕像,分別是:殺死九頭蛇、打敗亞馬遜女王希波呂忒、解救普羅米修斯(Prometheus)和制服冥界三頭犬克爾柏洛斯(Cerberus)。

赫拉克勒斯與安泰俄斯
奧古斯特・考德／1819 年／濕壁畫／387cm×305cm／巴黎羅浮宮

　　革律翁是一個巨人，兇猛無比，住在今天的伊比利半島，還有三個非常勇猛的兒子。為了和他們搏鬥，赫拉克勒斯召集了一群幫手，走海路先南下到北非，再穿過直布羅陀海峽北上進入伊比利半島。沒想到，他們在利比亞附近遇到了一個名叫安泰俄斯（Antaeus）的巨人。安泰俄斯是海神波塞頓和大地女神蓋亞的兒子，力大無窮，而且還有個怪脾氣：只要見到有人從他這裡路過，他就要和人決鬥。

　　赫拉克勒斯當然不會畏懼安泰俄斯，立即和他展開了格鬥。奇怪的是，他把安泰俄斯打倒了三次，但是每次對方倒地之後都能立刻獲得力量絕地反彈。這讓赫拉克勒斯感到奇怪，安泰俄斯簡直就像是打不死的！

藝術家們一直很喜歡赫拉克勒斯與安泰俄斯這個主題，大概可以從這幅畫的另一個名字窺見緣由：這幅畫又名〈赫拉克勒斯與思想〉。

　　對於這個故事的一般解讀是，安泰俄斯代表人類，可是人類所有的力量都來源於大地，一旦人類脫離大地，無法再從大地汲取力量，人類就將被外力絞殺。

　　當畫家用標題強調安泰俄斯和人類思想的關聯時，也能夠給人們帶來更多的思考。人類的思想無比強大，可是思想從何而來？當很多人強調想像力、創造力的時候常常忽略了一個重要的基礎：想像力、創造力都源於人們事先獲得的知識。知識是思想的大地，想像力、創造力可以天馬行空卻絕不是無源之木，它是對人此前既有知識的重新整合，是對已有知識的延展。脫離知識基礎的想像大多只是無意義的空想，經不起推敲，能輕易地被推翻、擊碎。

赫拉克勒斯與安泰俄斯
安東尼奧・波拉約洛／1470—1475年／木板蛋彩畫／16cm×9cm／佛羅倫斯烏菲茲美術館

很快，赫拉克勒斯意識到：安泰俄斯是大地女神的兒子，只要他站在大地母親的身體上，就能從蓋亞那裡獲得源源不斷的力量。想通了這一點，赫拉克勒斯就把安泰俄斯高高舉起，讓他雙腳都離開了地面。這樣一來，安泰俄斯就再也無法從大地獲得力量的補充，赫拉克勒斯趁機把他打死了。

戰勝了安泰俄斯後，赫拉克勒斯在北非經歷了一段艱苦的沙漠之旅，終於來到了大西洋邊，他把兩座高高的峭壁豎立在那裡，標誌那裡就是地中海的盡頭，這兩塊峭壁就是有名的「赫拉克勒斯石柱」。他終於從北非直插伊比利半島，與巨人革律翁和他的三個兒子對敵。革律翁長著三頭六臂，但赫拉克勒斯一箭射中了連接著革律翁的三個身軀的腹部。那箭沾染過九頭蛇的血，劇毒無比，革律翁因此中毒而死，赫拉克勒斯這才得以順利趕著牛群回到希臘。

赫拉克勒斯與革律翁戰鬥
西元前 530—前 550 年／
古希臘陶瓶畫／
高 28.4cm，直徑 21.5cm ／
倫敦大英博物館

陶 瓶畫中左側的赫拉克勒斯身披獅皮，正在與革律翁的三個兒子戰鬥，倒在他腳下的正是革律翁。

7

功績十二行

至此,赫拉克勒斯完成了十項任務。可是,歐律斯透斯卻反悔了:他認為其中有兩件功勞不能算數,要赫拉克勒斯再補做兩件。

第一件要補做的是摘取赫斯珀里得斯(Hesperides)的金蘋果。這顆金蘋果樹是宙斯跟赫拉結婚時大地女神蓋亞送的禮物。

赫斯珀里得斯姊妹的花園
弗雷德里克・雷頓／1892 年／布面油畫／直徑 169cm ／
英國利物浦利斐夫人畫廊

這幅作品中,赫斯珀里得斯三姊妹相互依偎在一起,而那條巨龍卻化作了一條長蛇,盤桓在她們的身上。在希臘神話中,這三姊妹的名字依次代表「光輝」、「紅霞」和「黃昏」,合在一起正是一幅黃昏時夕陽與晚霞輝映,金光共紅雲翻飛的迷離景致。萊頓便按這三姐妹的名字把她們安放在這夕陽黃昏的變幻光影之中。

現在，結著金蘋果的果樹由夜神的三個女兒看守，這三個女神的組合名叫赫斯珀里得斯。此外，還有一隻名叫拉頓（Ladon）的龍幫她們一起看守。這條龍有 100 個頭，100 個頭上分別長著 100 張嘴，100 個頭輪流睡覺，所以它永不困倦，而且總是會發出震耳欲聾的聲音。

赫拉克勒斯必須從巨龍那裡摘取金蘋果。他經過許多冒險，終於打聽到了金蘋果所在的地方。他趕往目的地時路過高加索山，看到盜火的普羅米修斯正被綁在山上忍受折磨，就順便解下了普羅米修斯。被解放的普羅米修斯很感謝他，便指點他：去金蘋果聖園之前先去找一個名叫阿特拉斯（Atlante）的泰坦，讓阿特拉斯去摘金蘋果。

赫拉克勒斯接受了這個建議，果然在離聖園不遠的地方找到了阿特拉斯。阿特拉斯特別好辨認，他正馱著天球。阿特拉斯是泰坦神族的一員，因為得罪宙斯，被宙斯懲罰用雙肩背負整個天球。中國有句俗語「天塌下來有高個子的頂」，阿特拉斯就是那個「高個子的」。

赫拉克勒斯來到阿特拉斯面前，自告奮勇地說自己可以幫他扛一會兒天，請他幫忙去取金蘋果。阿特拉斯扛天扛累了，就答應了赫拉克勒斯的請求。天球就這麼被挪到了赫拉克勒斯的肩膀上。

阿特拉斯來到蘋果園，用計讓百頭巨龍沉入夢鄉並趁機殺死了牠，騙過看守的女神，摘下了三個金蘋果，高高興興地回到了赫拉克勒斯的面前。從漫無止境的重負中解放出來，阿特拉斯覺得無比輕鬆。他告訴赫拉克勒斯，自己再也不想繼續扛天球了，既然天球已經在赫拉克勒斯肩膀上，就麻煩赫拉克勒斯繼續扛下去吧。

赫拉克勒斯聽到這話並沒著急，他一口答應下來，說自己願意代替阿特拉斯扛天。不過，他說剛才以為只是暫時頂替一會兒，因此沒做準備，尤其是沒拿墊肩。他請阿特拉斯幫個忙，再幫他扛一會兒天球，他去拿一下墊肩就回來。阿特拉斯不疑有詐，爽快地答應了，再次從赫拉

美惠三女神

拉斐爾・聖齊奧／1504—1505 年／木板油畫／17cm×17cm ／法國尚蒂伊孔代博物館

因為同樣是三姐妹，如果她們不出現在果園裡就很容易和著名的美惠三女神混淆。同樣，如果美惠三女神出現在花園果園裡也容易被誤認為是她們。例如，拉斐爾的這幅作品，有人認為主角是美惠三女神；可是也有人認為，美惠三女神與金蘋果無關，而畫面上的這三個女神每人手上都拿著一枚蘋果，她們應該就是守護金蘋果樹的赫斯珀里得斯三姐妹。

很多雕塑、繪畫作品都有表現阿特拉斯和赫拉克勒斯主題,但到底它們說的是故事的哪一部分呢?其實,仔細辨認赫拉克勒斯的標誌———身披獅子皮,就不難分辨故事情節了。例如這兩幅圖中,右圖中準備接過天球的人身披獅子皮,而正扛著天球的人沒有;左圖中扛天球的人身披獅子皮,而正準備接過天球的人沒有。很明顯,右圖表現的是故事的前半段,赫拉克勒斯從阿特拉斯的身上接過天球,而左圖表現的是故事的後半段,赫拉克勒斯騙阿特拉斯重新接回天球。

赫拉克勒斯與阿特拉斯
佚名／1550 年／木板油畫／21cm×15cm／私人收藏

克勒斯的肩膀上接過了天球。可是,天球一轉移到阿特拉斯肩上,赫拉克勒斯就迅速撿起地上的金蘋果逃之夭夭。

阿特拉斯知道自己上了當,但是天球已經重新回到了他的肩膀上,他也無計可施。被阿特拉斯殺死的那頭巨龍,被赫拉升上了天空,成為天龍座。

完成這件任務之後,赫拉克勒斯只剩下最後一個任務了,但那真是沒有凡人能夠勝任的,他要去冥界和把冥王黑帝斯(Hades)的看門狗克爾柏洛斯帶回來。克爾柏洛斯長有三個頭,嘴裡滴著毒涎,下身長著

一條龍尾，頭上和背上的毛全是盤纏著的條條毒蛇。

赫拉克勒斯在赫爾墨斯的幫助下進入冥界，來到冥王的地盤。他在那裡不僅見到了許多怪物，還見到了自己死去的朋友，其中就有忒修斯。對，就是那個殺死米諾陶的忒修斯。他因為沒得到海倫居然荒唐地來冥界搶冥后，居然還有個名叫庇里托俄斯（Peirithous）的朋友陪他來做這荒唐的事。此時，這兩個色膽包天的人正被黑帝斯鎖在石頭上受罰。他們看見赫拉克勒斯，立刻向他伸出手求救。赫拉克勒斯抓住忒修斯的手，把他從鐐銬中解救出來。當他想繼續解救庇里托俄斯時，大地在他腳下開始劇烈震動，因此解救沒能成功，庇里托俄斯不得不繼續待在冥界。

赫拉克勒斯從阿特拉斯身上接過天球
17 世紀／象牙雕像／高 15.1cm ／里昂美術館

赫拉克勒斯繼續往前走，終於見到了冥王黑帝斯。赫拉克勒斯一箭射中冥王的肩膀，立即趁機要冥王交出看門犬克爾柏洛斯。冥王受到了箭上毒液的折磨，不得已同意了，但卻要求赫拉克勒斯在不使用武器的情況下親自捉到那條看門犬。赫拉克勒斯對這個條件毫不在意，披著獅皮親自去捉克爾柏洛斯。

赫拉克勒斯與克爾柏洛斯

彼得・保羅・魯本斯／1636—1637 年／木板油畫／28cm×31.6cm／馬德里普拉多博物館

這幅作品中陰影處有兩個影子正在觀看這人狗大戰，一般這兩人都被認為正是冥王和冥后。

赫拉克勒斯與十二大功績

保羅・格朗多姆與阿爾弗雷德・卡尼爾（居斯塔夫・莫羅原作）／1895 年／銅板琺瑯／18.3cm×14.9cm／紐約大都會藝術博物館

　　這幅繪畫作品要連著畫框一起看。畫面的中央是身披獅皮、手持木棒的赫拉克勒斯，畫框上還繪有 12 幅小圖，那些就是他完成的十二大功績。只有將畫框和畫作聯繫在一起，這幅作品才是完整的。有興趣的朋友也可以仔細分辨一下畫框裡的 12 幅小圖分別對應著哪些場景。

經過一番爭奪，赫拉克勒斯終於帶著三頭犬離開了冥界，把它拎到了歐律斯透斯的面前。歐律斯透斯幾乎不敢相信自己的眼睛了，此刻他終於服氣了，再也不敢折騰赫拉克勒斯，但他也不敢留下這條冥界惡狗，連忙讓赫拉克勒斯把它送回冥界。

至此，赫拉克勒斯終於自由了，他贖清了自己殺妻、殺子的罪過。在贖罪的過程中，他一共完成了 12 項不可能完成的任務，這些被稱為十二大功績。在他完成十二大功績的過程中，也衍生出了許多恩怨與傳奇，為他之後的人生埋下了許多伏筆，也為後來一些星座的產生埋下了契機。

赫拉克勒斯的人生就像幼年時那位占卜者的預言一樣，充滿了各種冒險與艱辛。但這十二大功績也讓他名滿希臘，正如預言。

長蛇座

　　長蛇座（Hydra）是全天 88 星座中長度最長、面積最大的星座，橫跨天際的 1/4。但是由於座內大多數星都比較暗，因此長蛇座不太醒目。它在獅子座 α 的右下方，其中 5 顆 3 等星和 4 等星組成一個小圓圈是抬起的蛇頭，它的背上「背著」巨爵座。長蛇座 α 是一顆二等星，除此之外長蛇座裡沒有亮星，所以這顆星被阿拉伯人稱為孤獨者。

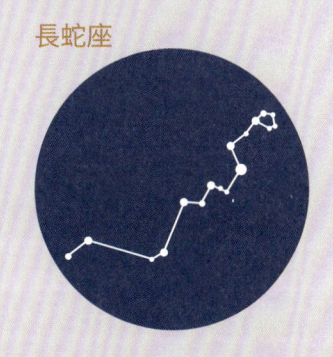

長蛇座

天龍座

　　天龍座（Draco）是拱極星座，在北半球是一年四季都可以看見，最佳觀測月份為 7 月。每年 5 月 24 日子夜，天龍座的中心經過上中天。天龍座如其名一般，像一條蛟龍彎彎曲曲地盤旋在北斗星、北極星之間。龍頭由 4 顆星組成，其中最亮的兩顆星表示龍眼。

天龍座

來自嫡母的最強考驗
巨蟹座與獅子座

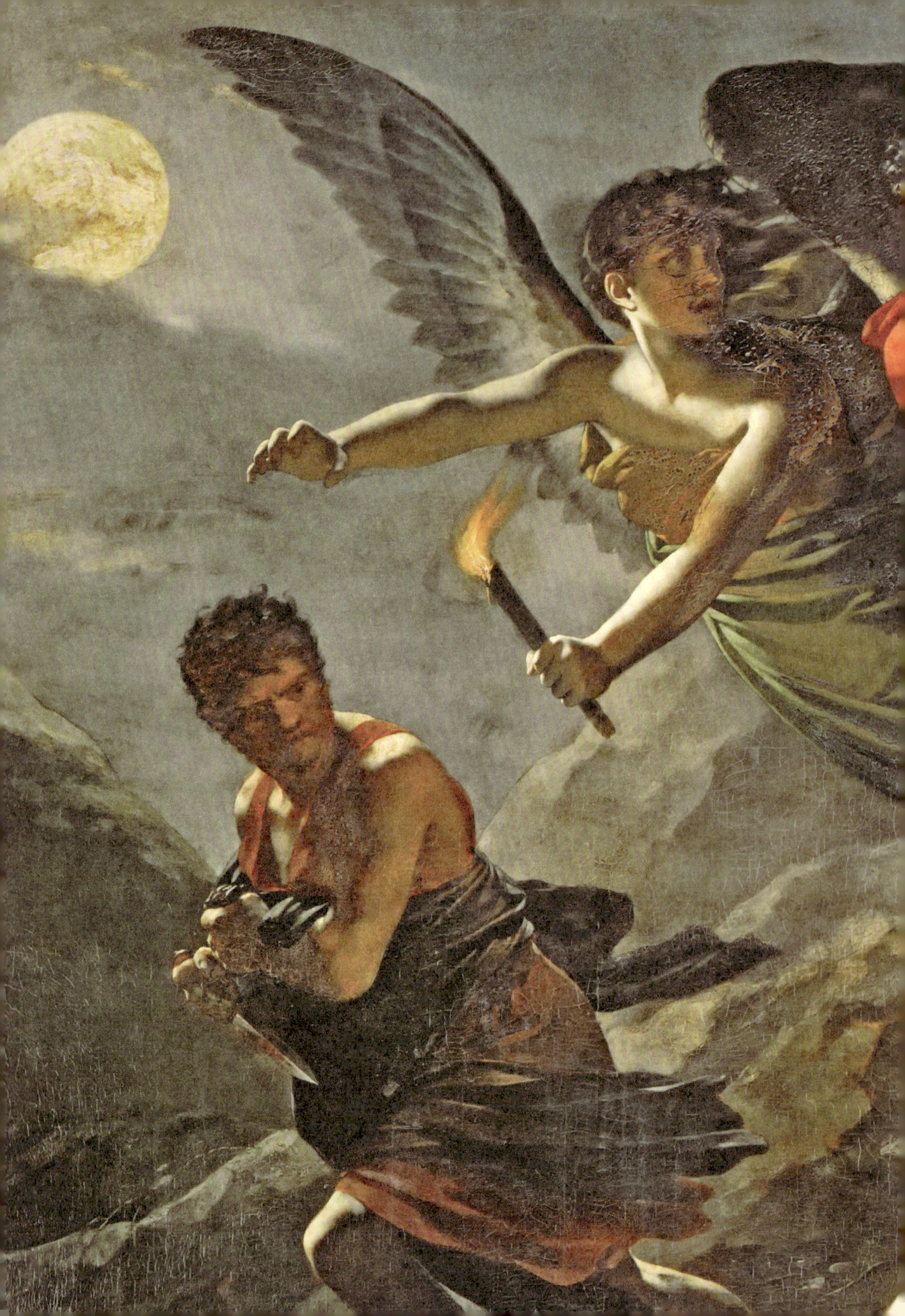

Chapter 5

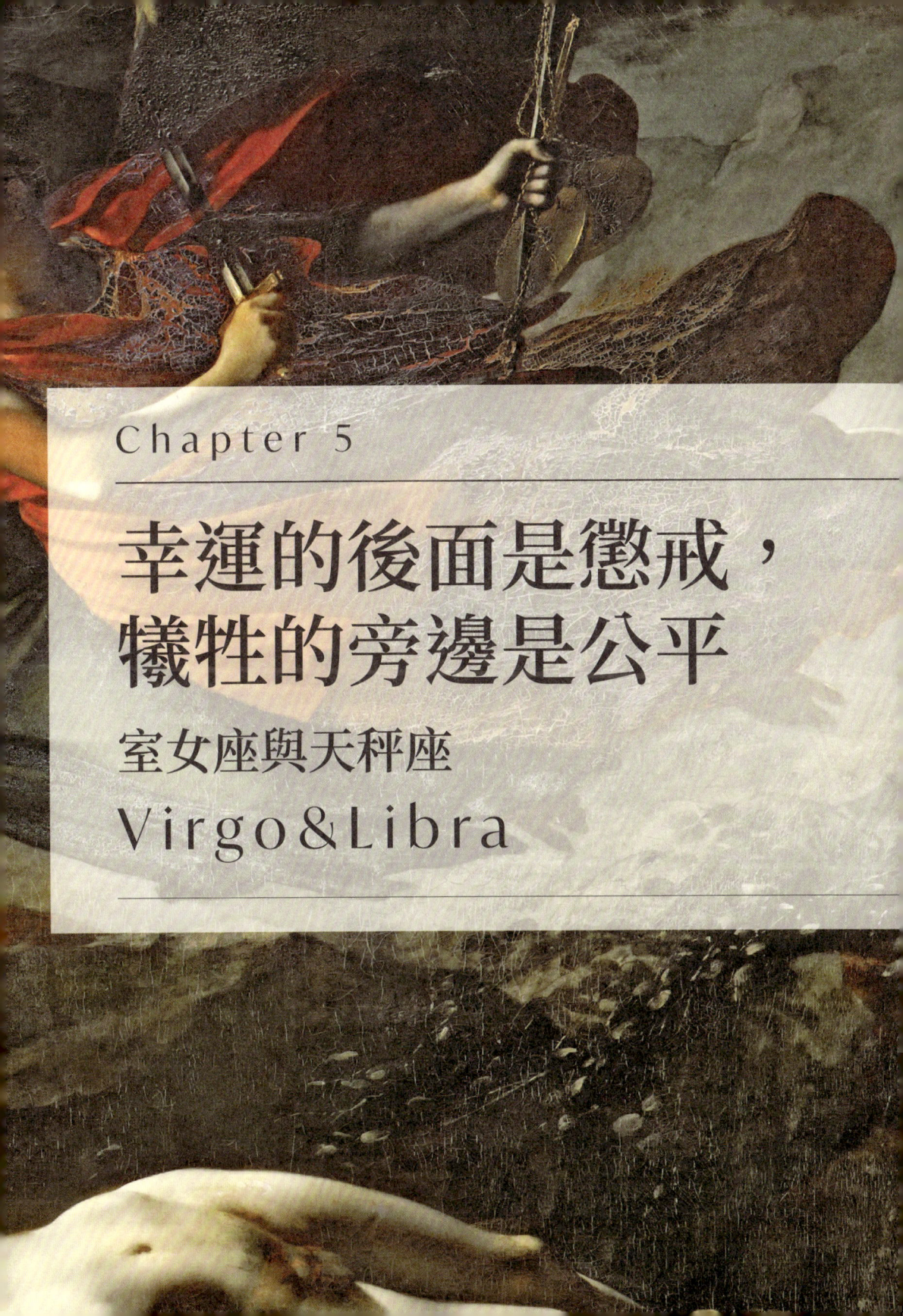

幸運的後面是懲戒，
犧牲的旁邊是公平

室女座與天秤座
Virgo & Libra

1

雅典娜與雅典

　　室女座一般被人稱為處女座，但是在正式的場合中被稱為室女座。希臘眾神中有三個著名的處女神，有一種說法認為，室女座的由來就對應著她們中的一位：雅典娜。

　　希臘的三位處女神分別是女灶神赫斯提亞（Hestia）、月亮女神阿特蜜斯和雅典娜。她們各自有著象徵自己貞潔的符號：赫斯提亞總是戴著一塊象徵貞潔的頭巾，阿特蜜斯穿著齊膝的短裙——這在希臘眾神中就算是保守的長裙了，而雅典娜則用她的槍矛守衛自己的貞潔。

　　她們三個都是處女神，是因為她們三個都是「三不主義者」——不婚、不育、不戀愛。不過，雅典娜卻例外。算起來，有一個男孩的出生和她有密切的關係。哪位男神這麼厲害，連雅典娜的貞潔都敢侵犯？她狠起來可是連戰神阿瑞斯都照打不誤啊！天上人間還會有人敢對她有雜念？

　　還真有！這個人就是眾神之中以醜陋聞名的火神赫費斯托斯。

　　赫費斯托斯的身世和情史堪稱坎坷，他從小被母親赫拉嫌棄，好不容易娶了美麗的阿芙蘿黛蒂為妻，還被妻子公開背叛。與阿芙蘿黛蒂離婚後續娶了美惠三女神之一的阿格萊亞（Aglaia），結果這個山寨版的愛和美之神也不能忍受他，最終和他離了婚（詳情可見《希臘眾神的天空》）。

這兩段情史也許還能博得眾神同情，但他暗戀雅典娜的消息傳出後，簡直就成了眾神的笑話。奧林匹斯山上的眾神是沒什麼同情心的，當海神波塞頓無意間得知赫費斯托斯暗戀雅典娜之後，既沒有對他好言規勸讓他及時打消妄念，也沒有幫忙給他出主意如何追求女神，反而抱著看熱鬧不嫌事大的心態，騙他說雅典娜也喜歡他，還向他保證雅典娜一會就來找他。

雅典娜輕蔑地推開赫費斯托斯
巴里斯・博爾多內／1555－1560 年／布面油畫／139.4cm×127.7cm／密蘇里大學美術與考古博物館

幸運的後面是懲戒，犧牲的旁邊是公室女座與天秤座

過了一會，雅典娜果然來了，其實是來求赫費斯托斯幫忙打造武器的。自作多情的赫費斯托斯受波塞頓的矇騙先入為主，看到雅典娜就色令智昏，一時間連雅典娜是什麼人都忘了，直接抱住雅典娜欲行不軌。

　　雅典娜嚇了一跳，立刻推開赫費斯托斯。不過，她還是晚了一步，赫費斯托斯的精液已經落到了她的大腿上。雅典娜厭惡地用一塊布擦掉這污濁的痕跡，然後隨手就把這塊骯髒的布扔到地上。

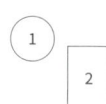

1 埃里克托尼奧斯出生
西元前 440—前 430 年／古希臘陶盤畫／
高 12cm，直徑 31.2cm ／柏林舊博物館

2 埃里克托尼奧斯的誕生
西元前 470—前 460 年／古希臘陶瓶畫／
高 37.5 cm，直徑 27.5cm ／倫敦大英博物館

　　上圖左側的陶盤畫中，人們只看到一個個子略矮些的女神把孩子交給雅典娜。因為兩位女神基本保持在一致的高度上，蓋亞的身分感並沒有被凸顯出。可是右側的陶瓶畫卻用眾神的位置差強烈地暗示出了蓋亞的身分：人們只能看到一個健康的成年女人的上半身，她的腰與其他幾位神祇的腳處在同一水平線上。這就很容易讓人產生一種感覺：這位女神是從地底下探出半個身子，托出了一個孩子交給雅典娜。蓋亞雖然是大地女神，但是她並沒有居住在地底下，而是和眾神一樣居住在奧林匹斯山上，真正居住在地底下的女神應該是冥后波瑟芬妮（Persephone）。儘管如此，當人們看到畫中有一個從地底下鑽出來的女神時，仍然會首先想到大地女神，而不是冥后。

她忽略了一件事：這塊骯髒的布沾染到大地上，讓大地女神蓋亞受了孕。一段時間後，大地裂開，一隻手從地底深處伸出，托出了一個半人半蛇的孩子交給雅典娜。

雅典娜明白這個孩子的由來，不管怎麼說，這個孩子和自己還有點關係，便收養了這個孩子，給他取名埃里克托尼奧斯（Erichthonios），這個名字的詞根「chthon」就是「大地（earth）」的意思。

藝術作品讓大地女神托出嬰兒也有神話中的淵源。古代希臘人和世界各民族一樣，都把「大地」和「生育」聯繫在一起，蓋亞在希臘神話中也是生育之神，是古希臘人的「送子娘娘」，凡是難以生育的夫妻都會去祭拜蓋亞神像，以祈求獲得孩子的降臨，德爾斐神廟最初就是她的居所。所以，在金牛座的故事中，忒修斯的父親埃勾斯因沒孩子而前往德爾斐神廟祈求，終於感動了蓋亞，才得到了忒修斯這個偉大的英雄兒子。蓋亞擔任這樣的神職，也就難怪這故事讓她「生」下埃里克托尼奧斯了。

在上頁右側的陶瓶畫中，在蓋亞的身後還站著一個人面蛇身的男子，他是雅典初代國王凱克洛普斯（Cecrops）。據說他也是由大地所生，長著上半身像人而下半身卻是蛇的樣子。一種傳說認為，雅典娜把嬰兒時期的埃里克托尼奧斯交給凱克洛普斯撫養，還派了條蛇來看護孩子。所以，這個孩子把雅典娜、雅典聯繫在了一起。後來的雅典人由此宣稱自己是埃里克托尼奧斯的後裔，不僅受雅典娜的保護，而且是從雅典這片土地裡「土生土長」出來的人，而不是什麼外來漂流者或入侵者的後裔，自然就天然地擁有對這片土地的主權。埃里克托尼奧斯後來又是被雅典娜培養、保護長大的，所以這個城市也就自然而然地以雅典娜的名字來命名為雅典。

凱克洛普斯的女兒們發現小埃里克托尼奧斯
保羅・彼得・魯本斯／約 1640 年／木板油畫／ 31.5cm×39 cm ／私人收藏

話中，雅典娜還將小埃里克托尼奧斯放到籃子裡，這個籃子被凱克洛普斯的女兒們發現，她們撫養了籃中的孩子。畫中的籃子裡有一條蛇，它是奉雅典娜之命保護小埃里克托尼奧斯的。

雅典娜雖然討厭埃里克托尼奧斯的父親，但對這個孩子卻有些偏愛。除了把他交給凱克洛普斯撫養，並派了條蛇來看護他，她還教會了埃里克托尼奧斯很多技能，其中包括馴馬的技術，使他成為第一個能用四匹馬駕駛馬車的人。後來，埃里克托尼奧斯被宙斯安放到了群星之中，成為天上的御夫座。

這樣「有」了一個孩子的雅典娜還算不算處女神呢？儘管有這麼一朵莫名其妙的爛桃花，人們還是把雅典娜作為室女座的來源之一。

室女座

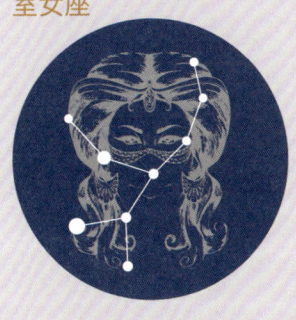

室女座又名處女座，是黃道帶上面積較大的一個星座，全天第二大星座。每年春天，室女座露出地平線，每年 4 月 11 日子夜，室女座中心經過上中天。室女座內最亮的 α 星是 1 等星，在全天最亮的星中排名第十六，比北斗星中最亮的星還亮，但座內其他的星體卻都比較暗淡。這樣的特點給了室女座一種性格：明亮地自戀，低調地面對眾人。

順著北斗七星斗柄的曲線延伸能夠找到一顆亮星，那是大角星。沿著這條曲線繼續延展，碰到的另一顆亮星就是室女座 α 了，它在中國古代被稱為角宿一。

室女座 α 在天文學上意義非凡。西元前 2 世紀中期，古希臘天文學家喜帕恰斯發現：西元前 3200 年時建造的古埃及哈索爾（Hathor）女神神廟，原本是對應這顆星的方位，但現在神廟的方位與這顆星的實際位置有偏差，進而發現許多恆星的位置都在緩慢移動。他提出假想：天球的北極在空中做緩慢的圓周運動，完成一周需時 26700 年。這就意味著人們眼中固定不變的恆星位置，在漫長的時間中會發生細微的變化，這就是歲差。後來，尼古拉‧哥白尼也透過大量觀察室女座 α 來研究歲差運動，直到牛頓時代人們才徹底解釋清楚了歲差的原理：不是天球在運動，而是地球的地軸在緩慢運動。正因如此，地球北極所對的恆星也會緩慢發生變化，這才出現了 XXXX 年前北極星是 XX 星、XXXX 年後北極星是 XX 星的現象。

有人說室女座的人都是完美主義者，細緻到幾乎「強迫症」的地步。如果不是室女座 α 在 4000 年中細微的位置差別被人發現，那人們什麼時候才會發現歲差呢？在工作中還真的很需要室女座性格。

157

2

幸運女神的化身

中國把全天二十八宿歸入東西南北四個大區，每個大區分別被想像成四種神奇的動物：東蒼龍（青龍）、西白虎、南朱雀、北玄武。正因如此，位於南京古城北面的大湖被稱為玄武湖，皇宮北門都被稱為玄武門（清代康熙皇帝名為玄燁，北京故宮的名稱避諱改為神武門）。每年春天，屬於東方青龍的眾星中有一顆亮星冉冉從東方地平線升起。中國

室女座

西德尼・豪爾／1825 年／蝕刻版畫、水彩畫／《烏拉尼亞之鏡》插圖

古人把這顆率先露出地平線的亮星視為青龍頭上的角,所以命名為角宿一——正是室女座 α 星。每年角宿一出現的日子在中國被稱為龍抬頭。「二月二,龍抬頭」,其實質是宣告春天到來,可以開始耕種,是古代農事節。所以,在中國室女座宣告了春天開始,在古代常和農業、豐收密切相關。

在古希臘亦然。古代中國人注意到,春天時角宿一升上地平線;古希臘人注意到,秋天時太陽經過室女座。所以,這顆室女座裡最亮的 α 星被看成農業收穫的象徵,被稱為穀穗星(英文 spica,來自拉丁語)。

因此,在西方古代的星圖中,室女座被畫為一個背生雙翅的少女,一手拿著鐮刀,一手拿著麥穗。

希臘神話中有這樣的女神嗎?希臘神話中的眾神與後來基督教裡的天使不一樣,雖然眾神都能飛,但是絕大多數神的身上沒有翅膀。長翅膀的女神不多,最有名的有兩個:勝利女神妮姬(Nike)和彩虹女神伊利斯。但除了她倆之外,還有幾個女神生了一雙翅膀,幸運女神堤喀(Tyche)就是其中一個。

有一種說法認為,室女座可能是幸運女神提喀的化身。堤喀是泰坦大洋河流之神歐開諾斯(Oceanus)和妻子海洋女神泰

安提阿的堤喀
羅馬時期複製品
(原件為西元前 3 世紀的希臘青銅雕像)／
大理石雕像／高 88cm／梵蒂岡博物館

幸運的後面是懲戒,犧牲的旁邊是公平室女座與天秤座

堤喀和普魯托斯（局部）
西元 2 世紀／大理石雕像／
土耳其伊斯坦布爾考古博物館

這位幸運女神也經常被蒙著眼睛，這象徵著「運氣」總是不長眼睛、沒有規律可循的。堤喀的形象總是背生雙翅、頭戴皇冠，手上拿著聚寶盆或豐饒角（cornucopia）。堤喀身旁的孩子是普路托斯（Plutus），他是希臘神話中的財神：幸運總是和財富在一起。

堤喀
西元 2 世紀上半葉／大理石雕像／
布魯塞爾五十周年紀念博物館

幸運女神手持的那個長長的、羚羊角一樣的容器就是豐饒角。因為那裡面總是裝滿了瓜果和其他農作物，有五穀豐登的寓意。由於古人經常將土地的豐產與人類生育能力建立聯繫，所以在希臘神話中手持豐饒角的女神總是與農業和婚姻有關，例如農神黛美特（Demeter）和天后赫拉。正因如此，羅馬帝國時期一些皇后的雕像也會讓她們手持豐饒角，象徵皇后誕育後嗣的能力。在古人心目中，皇后的生育能力又與整個國家的人口富足、土地豐裕密切相關。

這是一幅頗具政治深意的畫作，可是它的創作手法卻是「混搭」的。畫面中央的青年男子不是任何神祇，甚至不是某個真實的人物，而是伯恩的象徵。伯恩現在是瑞士的首都，但在 17 世紀之前它長期處在被周邊國家入侵、統治，爭取自身獨立的戰爭中。1648 年，當時的歐洲列強簽署了《西發里亞和約》，終於承認了瑞士獨立，這標誌著瑞士各州經過 350 年的鬥爭終於擺脫奧地利帝國的統治，終於自己可以組建聯邦制的共和國。這幅作品最初被安放在伯恩市政廳，就是伯恩獨立的象徵。但是，這個具有現實政治意味的作品中卻出現了各種象徵符號：「伯恩」身後的黑熊是伯恩名字的由來，同時熊也是西方文化中勇氣和力量的象徵；「他」身後的酒杯、書本暗示著基督教文化中的聖杯與《聖經》，是「信仰」的象徵；畫面左下角的豐饒角是希臘神話中繁榮富裕的象徵。這幅畫把多種文化的象徵符號結合在一起，寓意著：伯恩依靠勇氣和信仰，贏得繁榮。

伯恩的寓言
小約瑟夫・維爾納／ 1682 年／布面油畫／瑞士伯恩歷史博物館

西絲（Tethys）的女兒。歐開諾斯是克洛諾斯（Cronos）和瑞亞（Rhea）的弟弟，可是在宙斯帶領兄弟姐妹反抗其父克洛諾斯的時候，歐開諾斯帶著自己的兒女站在侄子宙斯這一邊，對抗他自己的哥哥。

　　堤喀就是人們口中經常提到的幸運女神。因為她很任性，經常隨意把好運和厄運分配給凡人。據說，古希臘智者帕拉墨得斯（Palamedes，他的故事已在《諸神的戰爭》中詳細講述）發明了賭具骰子時，把第一套骰子獻祭給了她，從此人們更願意稱呼她為幸運女神。

幸運的後面是懲戒，犧牲的旁邊是公平，室女座與天秤座

3

懲戒女神的審判

希臘神話中還有一個生了雙翅的女神,她也是室女座的候選人之一。她就是宙斯的女兒涅墨西斯(Nemesis)——古希臘的懲戒女神。

懲戒就是善有善報,惡有惡報。這概念與復仇的含義很接近,所以她被看作希臘神話中人格化的復仇女神。相應地,室女座旁邊那架天平就是衡量人間是非善惡的工具。

無獨有偶,室女座 β 星和 η 星雖然都不亮,但是在中國古代它們分別被稱為右執法和左執法,好像故意要和涅墨西斯的傳說相配似的。

涅墨西斯
150 年/大理石雕像/ 46.4cm×20.3cm×12.7cm /
洛杉磯保羅・蓋蒂藝術中心

這尊雕像中的女神左手持命運之輪,右腳踩著個男人,他象徵被征服的敵人。有趣的是,經考證這女神的髮型和面容都是仿當時羅馬帝國皇后大福斯蒂娜(Faustina),她是羅馬皇帝安敦寧・畢尤(Antoninus Pius)的皇后。這也算是皇后的 cosplay 作品吧。

涅墨西斯

阿爾弗雷德·雷特爾／
1837年／布面油畫／
95cm×48cm／
聖彼得堡冬宮博物館

這幅作品中的女神一手持劍，一手持沙漏，冷冷地看著底下奔逃的罪犯。這簡直就是中國人的那句老話「不是不報，時辰未到，時辰已到，一切都報」。也許，世界各國的人對正義以及遲來的正義都有類似的理解吧。

阿里阿德涅被拋棄哭泣時，涅墨西斯指向忒修斯的船
西元 1 世紀／濕壁畫／47cm×42cm／拿坡里國家考古博物館

  這幅畫中有三個人物。中間半躺的裸女正是前面講金牛座故事時提到的阿里阿德涅。忒修斯趁她熟睡時開船離去，將她拋棄。畫中的她正在為自己被辜負的愛情哭泣，所以在她的身旁還有個哭泣的小愛神丘比特（艾若斯的羅馬名）。在她的身後，背生雙翅的女神正是涅墨西斯，她的手和眼睛都指向遠處海面上的帆船。忒修斯回國時忘記換帆，導致了父親的死亡，他自己以後的愛情生活也很少有幸福，這算是涅墨西斯為阿里阿德涅執行的正義吧。

4

酒神與葡萄酒

前面三位室女座的候選女神都是希臘神話中的處女神,但有一種說法與那三位處女神都無關。有人認為,室女座是一個名叫厄里戈涅(Erigone)的少女的化身。

在這一版本的希臘神話中,酒神戴奧尼索斯看見美麗的厄里戈涅,愛上了她,用一串葡萄向她表達愛意並誘惑她。一串葡萄就能誘惑一位少女?現代人看來匪夷所思,可是在希臘神話中的

厄里戈涅
卡爾・凡・洛／1747 年／布面油畫／
100cm×80cm ／亞特蘭大高級藝術博物館

在希臘神話主題作品中,酒神的形象往往都是頭戴葡萄葉的,這位頭戴葡萄葉、手撫葡萄的少女,一望可知一定是與酒神有關的人。卡爾・凡・盧是洛可可時期的畫家,他的這幅作品不僅讓少女的神情有些受到誘惑後的輕佻,連葡萄都被畫得晶瑩剔透,隱隱有著一種誘惑感。

那個時代並不奇怪,因為當時的凡人還不知道有葡萄這種植物的存在。

那時,酒神甚至都還不是酒神。戴奧尼索斯成為酒神是因為一個名叫安普羅斯(Ampelos)的英俊少年。一次,安普羅斯去森林裡打獵,被正在森林裡的戴奧尼索斯瞥見了。安普羅斯光彩照人,比戴奧尼索斯見過的所有人都俊美,戴奧尼索斯立刻愛上了他,向他表達愛慕。

古希臘人的婚戀觀與現代人有很大區別,古希臘語中並沒有「同性戀」和「異性戀」這兩個詞。那時,男人與同性產生情感關係很正常,是正常社會生活的一部分。在這種文化背景下,安普羅斯欣然接受了戴奧尼索斯的告白,兩人從此形影不離,沉浸在幸福美好中。

可是越是幸福美好,戴奧尼索斯的心中越是不安。德爾斐神廟鐫刻的箴言「凡事勿過度」,彷彿也是在提醒世人們,凡是完美的東西都是脆弱的:這世上不該有過分的美麗與圓滿,如果真的有,那也一定是脆弱的、不能持續的。戴奧尼索斯也擔心自己的幸福不能永恆,他首先想到的是自己老爸宙斯。他了解宙斯的毛病,生怕安普羅斯被宙斯看見搶走,更加對他呵護備至。即便戴奧尼索斯如此小心翼翼,他們終

巴庫斯與安普羅斯
西元 2 世紀╱大理石雕像╱高 185cm ╱
佛羅倫斯烏菲茲美術館

究還是被分開了——只不過分開他們的不是宙斯，而是命運。

一天，安普羅斯要出去打獵。戴奧尼索斯忽然有些不放心，他擔心林中的野獸，雖然安普羅斯看上去並不在意，但他還是悄悄跟在安普羅斯身後。不料，卻讓他親眼看見了難以接受的一幕：安普羅斯走向一頭似乎很溫順的公牛，而那頭公牛卻忽然發了瘋，猛地向他衝去，安普羅斯來不及反應就被公牛踩在腳底。戴奧尼索斯來不及救他，他就已經死去了。

戴奧尼索斯傷心欲絕，他用鮮花覆蓋住少年的身軀，流著眼淚將他埋葬。他知道自己是永生不朽的，甚至都無法和安普羅斯同生共死。這一刻，他無比痛恨自己的永生，他甚至希望自己能夠死去，好在冥界和安普羅斯再次相聚。這麼想著，戴奧尼索斯的眼淚成串地掉落進泥土中。

他的痛苦被眾神看在眼裡，連宙斯都無比動容。他們雖然不能讓安普羅斯復活，但宙斯還是決定補償戴奧尼索斯。忽然，安普羅斯的墳上長出了一根藤蔓。很快，藤蔓越長越快，轉瞬就綠葉成蔭，上面還結了很多渾圓閃亮的果子，晶瑩剔透，就如戴奧尼索斯流下的眼淚一樣。

在這幅版畫作品中，右側展示安普羅斯被牛撞死的場景，左側顯示少年戴奧尼索斯在埋葬他的地方收穫葡萄藤。為了呈現葡萄藤與安普羅斯的關係，畫家乾脆讓葡萄藤從安普羅斯的腦袋上長了出來。

巴庫斯與安普羅斯
彼得・瑟沃特斯（雅各・馬瑟姆）／1616—1657年／
版畫／5.1cm×6.6cm／阿姆斯特丹荷蘭國立博物館

幸運的後面是懲戒，犧牲的旁邊是公平　室女座與天秤座

戴奧尼索斯試著摘下那些果子，果子裡面流出深紅色的汁液，就如同安普羅斯的鮮血。他把這些果子的汁液放進杯子，很快那杯子裡就飄出了誘人的香味。他試著嚐了一口，發現那味道無比甜美，卻又有點淡淡的酸澀，如同他們之間的情感一樣。更神奇的是，他喝了之後，恍恍惚惚彷彿回到了過去幸福的時刻，忘記了煩惱，重新沉浸在一種特殊的甜蜜中。

後來，人們就用安普羅斯的名字命名了那種神奇的藤蔓——Ampelus 在希臘語中就是「葡萄藤」的意思。當然，那晶瑩得如同淚珠一樣的果子就是葡萄，用葡萄做成的神奇飲料就是酒。

關於安普羅斯，還有另一種說法：安普羅斯不是被公牛踩死的，而是爬到一根樹枝上去採葡萄時發生了意外，樹枝斷裂，從高處墜下丟了性命。後來，他被悲傷的戴奧尼索斯復活，升上了天空，成為一顆指引人們摘葡萄的星。那顆星是安普羅斯的化身，它就是室女座的 δ 星。這顆星位在室女座右翼的頂部，只是一顆 3 等星，不如室女座的其他星亮。

但在古代希臘，這顆星卻至關重要。每年 8 月，這顆星是日出前第一顆可見的上升星。古代希臘的葡萄種植者每當看到

戴奧尼索斯與安普羅斯
150－200 年／大理石雕像／
158cm×68cm×39cm／倫敦大英博物館

這尊雕像中的安普羅斯復活了，他正向戴奧尼索斯獻上葡萄。

這顆星時，就明白葡萄酒釀造季節開始了。從古至今，葡萄酒都是希臘地區的支柱產業，所以這顆星在古希臘地區的意義不言而喻。為此，這顆星的拉丁語名字就是「葡萄採收者（Vindemiatrix）」。

詳細了解了葡萄的來歷，就可以明白為什麼戴奧尼索斯追求厄里戈涅的時候只用一串葡萄就成功了！此時葡萄才剛剛出現在世界上，別說凡人，就連眾神都沒幾個見過葡萄，那是真正的天上地下限量版。厄里戈涅一下子被戴奧尼索斯捧來的晶瑩多汁的神奇果實給迷惑住了，很快就成了戴奧尼索斯的情人。

戴奧尼索斯離開厄里戈涅之前，把葡萄種植和葡萄酒釀造的方法

厄里戈涅被征服
法蘭索瓦·布雪／1745 年／布面油畫／9m×134.5cm ／倫敦華萊士收藏館

布雪的畫裡沒有直接出現男性的形象，可是厄里戈涅的神情卻充滿情慾。這也是布雪表現這種情愛主題時慣用的技巧，不著一字，盡得風流。

幸運的後面是懲戒，犧牲的旁邊是公平室女座與天秤座

病中的年輕酒神

卡拉瓦喬／1593—1594 年／布面油畫／7cm×53cm／羅馬博爾蓋塞美術館

左右兩畫是卡拉瓦喬的兩幅名作，充分表現了他對光與色的深入研究。一幅名為〈巴庫斯〉（為了和另一幅同名作品相區別，後人根據酒神的面容憔悴常把這幅作品稱為〈病中的年輕酒神〉），另一幅名為〈抱水果籃的少年〉。〈病中的年輕酒神〉事實上是畫家自己的自畫像，他把自己畫成了酒神戴奧尼索斯的模樣；〈抱水果籃的少年〉中的那個少年，面目陰柔，嘴唇微張，臉上有一抹潮紅，神色間隱隱透露出一種誘惑和肉感。對當時的人來說，這樣的作品已經有了非常明顯的色情意味。

抱水果籃的少年
卡拉瓦喬／1594—1595 年／布面油畫／70cm×67cm／羅馬博爾蓋塞美術館

這幅〈抱水果籃的少年〉的模特正是卡拉瓦喬的「安普羅斯」。那位抱水果籃的少年雖然正值青春年少，處在青春、顏值最巔峰的狀態中，可是他捧著的果籃卻已經開始盛極而衰，枝葉開始衰敗。這正是中國人熟悉的意象：紅顏彈指、剎那芳華，繁華易逝、如花美眷，似水流年。這也正是戴奧尼索斯與安普羅斯在一起時最大的憂慮。

這兩幅畫的創作時間緊密相連，現在都收藏在羅馬的博爾蓋塞美術館裡。美術館的布展者別具匠心地將這兩幅畫面對面地掛在一個小展廳的兩面牆上，讓卡拉瓦喬始終注視著自己的那位戀人，如同酒神始終凝望著安普羅斯。

厄里戈涅

雅克－安托萬・瓦林／18 世紀中期／木板油畫／33cm×24.7cm／蘇富比拍賣行

厄里戈涅身上裹著的豹皮服飾暗示了她和酒神的關係，畫中的少女手拿葡萄，表情有些情色意味。在西方傳統文化中，葡萄和豹紋都會給人帶來些性感、情色的文化暗示。

都教給了「岳父」——厄里戈涅的父親伊卡里俄斯（Icarius）。伊卡里俄斯嚐了葡萄酒之後，覺得這簡直就是天上的美食，愉快地把酒帶到各地，慷慨地分享給其他人品嘗，有時候還教人釀酒。伊卡里俄斯就是希臘版的杜康，不僅是凡間第一個會釀酒的人，也是教會世人釀酒的第一個大師。

可惜，此時人間還不知道這世上有酒這種神奇的飲料，而人們對未知的事物總是懷著一種警惕甚至惡意。所以，伊卡里俄斯為人類嚐到的美酒付出了慘重的代價。

有一次，伊卡里俄斯用羊皮酒囊帶著新釀成的酒外出，遇到了幾個牧羊人，又慷慨地向牧羊人推薦了這種飲料。可是，那些從來沒喝過酒，更不知道什麼是酒、什麼是醉的牧羊人喝完之後很快就發現自己的身體不對勁了。他們開始頭重腳輕，身體輕飄飄的，連神志都有些不清醒，最後還有人一頭栽倒在地，怎麼都叫不醒了。

現在的人都明白，倒地的牧羊人喝醉了。但是當時的其他牧羊人不知道這一切意味著什麼，他們認定了伊卡里俄斯給他們喝的是毒藥，他們身體上的反應都是中毒了。在酒精的刺激下，沒醉倒的幾個牧羊人衝動地把伊卡里俄斯給殺了。

伊卡里俄斯養了一條狗，這條狗通人性，發現主人被殺，立刻趕回家，咬著厄里戈涅的衣裙，帶她趕往出事地點，希望厄里戈涅能夠阻止悲劇的發生。可是，當厄里戈涅到達時，為時已晚，她的父親已經死去了。厄里戈涅傷痛不已，就在出事的地方懸樑自盡了。見兩個主人都死了，這條狗也傷心而死。

天上的宙斯感歎這一家的遭遇：父親無辜，女兒孝順，連狗狗都那麼忠義，就把這一家子都升上了天空。伊卡里俄斯成為牧夫座（一種說法），厄里戈涅成為緊鄰牧夫座的室女座，就連那條狗都成了小犬座（也有說是大犬座）。

5

為人類犧牲的少女

還有一個流傳頗廣的版本，室女座是一個為了人類犧牲自我、甘願為人類救贖的少女的化身。

這個少女名叫艾斯特萊雅（Astraia/Astraea），一種說法認為她是群星之神阿斯特賴俄斯（Astraeus）與黎明女神艾歐絲（Eos）的女兒，另一種說法認為她是宙斯與忒彌斯（Themis）的女兒。她是正義女神，生有雙翼，手持火炬，渾身散發著璀璨的光輝。

艾斯特萊雅的形象也經常手持天平。這天平不是為商業買賣服務的，而是用來稱量人類的善惡與命運。

在希臘神話中，有人類社會經歷四個時期的說法。第一個時期被稱為黃金時代，那時人類初生，每個人都善良純潔、與世無爭。眾神喜歡這樣的人類，他們與人類生活在一起，眷顧著人類，讓人類過著不愁衣食、不需辛苦勞作的幸福日子，整個人間就是一個大樂園。但是，慢慢地，人類開始墮落，有了私欲、貪婪，人類之間也失去了原本的和諧美好，開始有了糾紛甚至爭鬥。這樣的人類失去了眾神的歡心，眾神紛紛離去，讓人類不得不自己勞作耕種來養活自己，這個時期被稱為白銀時代。可是，人類並沒有從中吸取教訓，相反變得更加狡詐、暴力，用無

正義女神和復仇女神追逐罪惡
皮埃爾－保羅・普呂東／1808 年／布面油畫／244cm×294cm／巴黎羅浮宮

畫中飛在半空中的兩位女神都是室女座的「候選人」。左側手持火炬的是正義女神艾斯特萊雅，右側的是復仇女神涅墨西斯，正義和復仇正在一起追捕兇手。當時，法國一個名叫凱恩的人殺死自己親兄弟後，搶了兄弟的錢財逃跑。畫家普呂東受到這則真實的社會新聞啟發，用浪漫主義的手法創作這幅畫：手持火把的正義女神為復仇女神指路，手持利劍和天平的涅墨西斯懲戒兇手。涅墨西斯懲惡的時候多，普呂東強調她「revenge」的一面，此處將她直譯為復仇女神。希臘神話裡另有正牌的復仇三女神厄里倪厄斯（Erinyes）。

恥的謊言相互欺騙，為了蠅頭小利自相殘殺。這個時代雖然充滿了罪惡，但也偶有崇高榮譽閃耀，它被稱為青銅時代。特洛伊戰爭後，人類墮入更沒有道德、沒有底線、只有殺伐的亂世，人間再也不是桃花源，成了永無止境的無間地獄，這就是黑鐵時代。

艾斯特萊雅從黃金時代起就生活在人類中間，當人類開始墮落，進入白銀時代，眾神都紛紛離開了人間，只有艾斯特萊雅沒有放棄對人類的信心，繼續和人類生活在一起，向人類傳授天理正義。

這幅畫有著老克拉納赫一貫的怪誕畫風，這種怪誕是文藝復興時期對宗教禁欲主義的反抗。畫中引人矚目的是不僅人物成雙成對，連動物都是雙雙對對的（除了那隻小狼）。畫中的男女雖然渾身赤裸，可是全無淫邪狎昵，他們彷彿是當代的一些天體主義者，坦然在大自然中載歌載舞，這是黃金時代裡自然天性的表露。

黃金時代
老盧卡斯・克拉納赫／1530年／木板油畫／75cm×103.5cm／奧斯陸挪威國家美術館

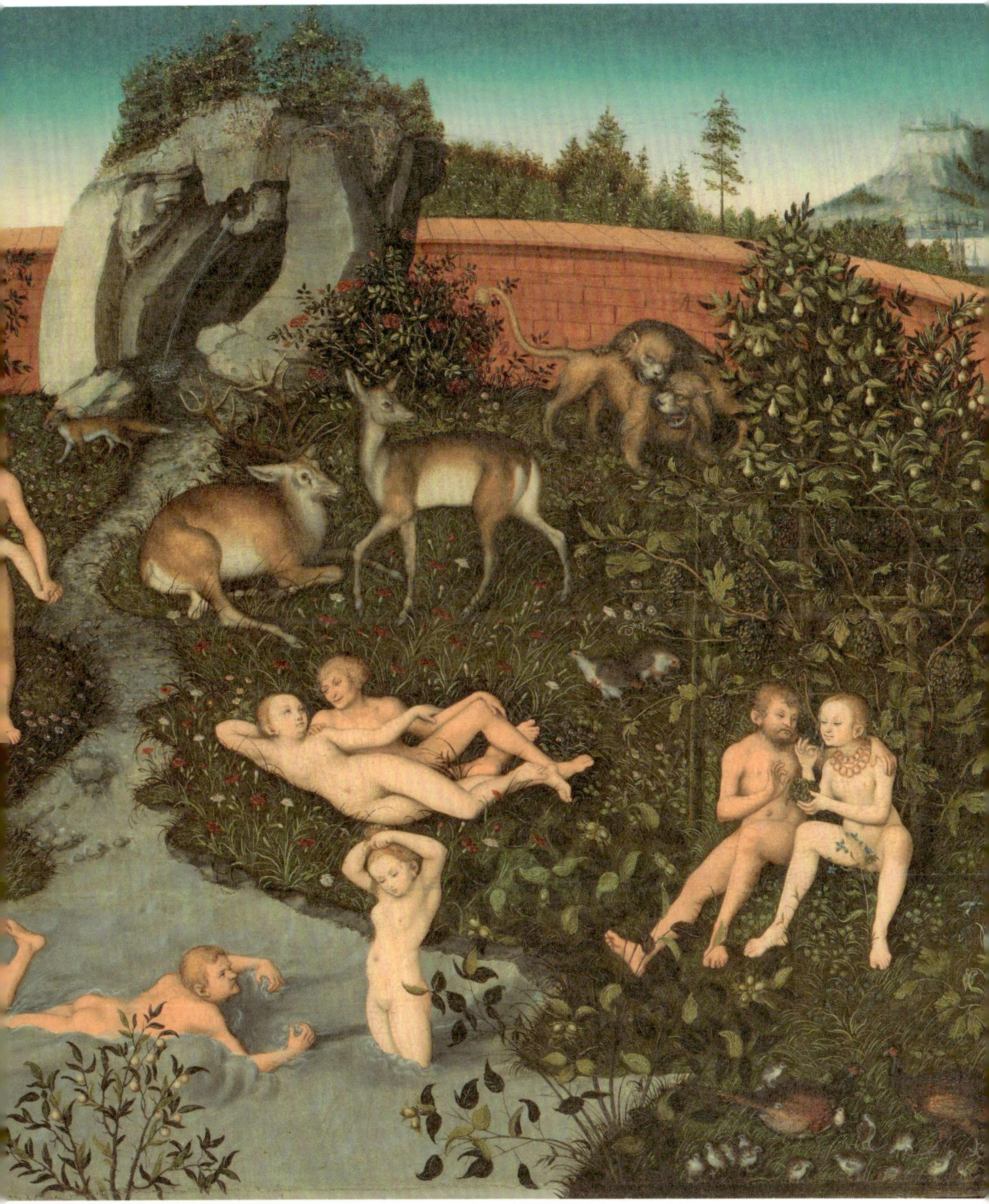

艾斯特萊雅告別牧羊人

薩爾瓦多・羅薩／1640—1645 年／布面油畫／139.5cm×209cm ／維也納藝術史博物館

畫中的艾斯特萊雅出現在半空中,手持天平,向底下的老夫婦、青年、孩子,甚至他們的羊群告別。這些人是「凡人」的代表,這次告別意味著:艾斯特萊雅再也無法和人類生活在一起,她要離開人間。

　　她用天平衡量人間的是非曲直並罰惡揚善,她還在盡自己的努力挽救人類,希望利用這些辦法把人類納入正道。可是,她的努力失敗了,人類還是無可挽回地滑入了青銅時代。這時的眾神都對人類非常惱恨,甚至決心毀滅人類,用地震、瘟疫等各種災難在人間不斷製造苦難。

艾斯特萊雅雖然也對人類非常失望，可是她不忍心人類就此毀滅，她希望能夠給人類中的善良者一線生機。為此，她懇求眾神答應，她用自己來為人類贖罪，換取眾神給人類一個機會。

為了拯救人類，艾斯特萊雅身披鎖鏈，自願長年跪在奧林匹斯山崖，為人類的罪惡贖罪，也為人類祈禱早日迎來希望。這個甘願自我犧牲來救贖人類的少女，最終化為了天上的室女座。直到現在，室女座的形象常是一個跪著祈禱的少女。因為艾斯特萊雅此前手持天平，在艾斯特萊雅成為室女座之後，她的天平就成為緊隨著室女座的天秤座。

室女座
撒迦利亞·博曼／1596年／紙上銅版畫／
17.8cm×13.2cm／
德國德勒斯登薩克森州立大學圖書館

艾斯特萊雅
18世紀中期／青銅浮雕／
義大利卡塞塔王宮艾斯特萊雅房間

在一些古代星圖書籍中，室女座也被描繪為跪著祈禱的少女。

卡塞塔王宮是義大利建築師盧吉·范維特利在18世紀中期為波旁王朝的查理王子建造的。豪華的宮殿裡有一個艾斯特萊雅房間，這個房間裡的裝飾物都以艾斯特萊雅為主題。這件浮雕中的艾斯特萊雅手持天平和寶劍，正在稱量人間的正義。

天秤座

天秤座在室女座的東南，星座中最亮的四顆星組成了一個四邊形，座內 β 星是全天唯一一顆肉眼可見的綠色的星。這顆星和春季大三角構成了一個大的菱形，可以從春季大三角找到。這個星座被視為一桿秤，是因為西元 1 世紀時的羅馬人發現，每當太陽運行到這個星座時就會出現晝夜平分的現象，那正是秋分，所以人們以這個星座為「公平」的象徵。

春夏秋冬的亮星圖案

在夜空寥寥的都市夜空中，每年不同季節，至少可以辨認出幾個明顯的星空圖案。

在春季，獅子座 β、室女座 α 和大角星（牧夫座 α、此前介紹過如何尋找它）這三顆星組成了一個等邊三角形，被稱為春季大三角。在春季大三角的另一端，還有一顆亮星是獵犬座 α。它與春季大三角排列成了一顆鑽石的形狀，被稱為春季大鑽石。

夏季，東南方的高空裡，中國人熟悉的天琴座 α（織女星）、天鷹座 α（牛郎星）和天鵝座 α（中國稱天津四）也組成了一個等邊三角形，這是夏季大三角。

秋季夜空的圖案主要是一個四邊形。飛馬座的 α 星、β 星、γ 星與仙女座 α 構成了一個近乎正方形，這就是秋季四邊形。這四顆星除飛馬座 γ 為 3 等星，其他都是 2 等星，但秋季夜空中亮星很少，這個四邊形也很突出。

冬夜的東南方向，獵戶座 α、大犬座 α（天狼星）和小犬座 α（南河三）也構成了一個等邊三角形，這就是冬季大三角。

御夫座

御夫座（Auriga）處在銀河邊緣，銀河星霧穿過它時比較淡薄。御夫座內的 ι 星、α 星、β 星、θ 星和金牛座 β 組成了一個浸在銀河中的五邊形。其中，御夫座 α 在中國古代被稱為五車二，其視星等為 0.08，是全天第六亮星，也是離北極星最近的 0 等星。最南的 1 顆亮星（御夫座 γ）是屬於鄰近的金牛座的。

牧夫座

此前提到過好幾次的大角星，其學名為牧夫座 α。這顆星在夜空中亮度排名第四，僅輸給天狼星（大犬座 α）、老人星（船底座 α）和南門二（半人馬座 α），比我們熟悉的織女星（天琴座 α）還亮。

牧夫座（Bootes）在室女座的東北方，但是南半球大部分地區看不到完整的牧夫座。在北半球春天和初秋的天空中，牧夫座是一個顯眼的星座。

小犬座

小犬座（Canis Minor）位於獵戶座東面，小犬座 α（在中國古代名為南河三）是全天排名第八的亮星，是冬季大三角的頂點之一。這顆星在希臘語中的意思是「在狗之前」，因為它比大犬座的天狼星更先升起。

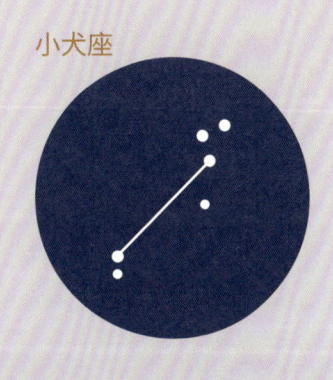

幸運的後面是懲戒，犧牲的旁邊是公平 室女座與天秤座

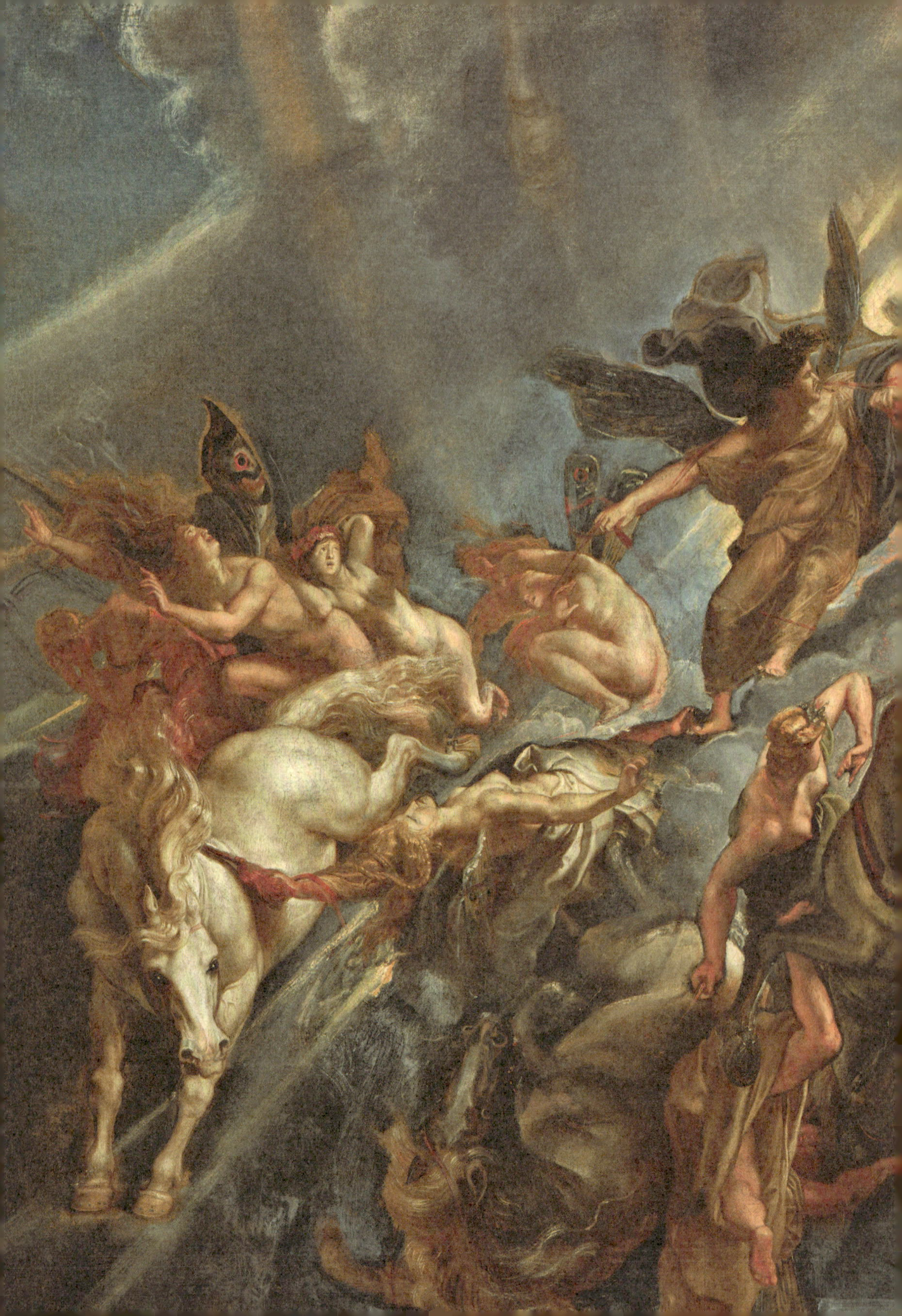

Chapter 6

掌控不了的權力是危險的

天蠍座

Scorpio

1

誰才是真正的太陽神？

天蠍座的由來有兩種說法,這兩種說法都與太陽神有點關係。只不過,一個是前任太陽神,另一個是後任太陽神。

無論中外,古人們早就從觀測發現,日月在天空中都按照一定軌跡運行。在古代中國人和古代希臘人的想像中,日月都是駕駛著一種特殊的車輛,每天從天空中經過。在中國神話中,駕駛太陽車的人名叫羲和,駕駛月亮車的人名叫望舒。

在希臘神話中,太陽每天的升落也是因為有神駕著太陽車隆隆地從天空中經過。這個駕駛太陽車的人就是赫利奧斯,他是希臘神話中真正的太陽神。

這幅畫單獨看有點「怪」,因為這是通常繪畫中很少出現的視角:仰視。通常人們看到的繪畫是平視或俯視,即使偶有例外,也僅是抬高地平線呈現出微微仰視的效果,沒有像這幅畫這樣採取 90 度直角仰視角度,連太陽神光著的屁股都被暴露在人面前。這幅畫如此設計,是因為它是一幅天頂畫。畫家考慮到了畫與看畫人的真實關係,因勢利導,選取了一個完全貼合看畫人的視角進行創作。人們仰起頭,彷彿就能感受到太陽神車正從自己頭上隆隆駛過,自己就像無意識地窺見到了金光閃爍的太陽神騰起駕車的那個瞬間,特別生動。

月亮女神與太陽神
（局部）

朱利奧・羅馬諾／
1527—1528 年／
濕壁畫／
義大利曼圖阿公爵宮

羅德島太陽神燈塔
安東尼奧・穆尼奧斯・蒂格雷恩／1914 年／布面油畫／211cm×278 cm／西班牙瓦倫西亞美術館

　　古代七大奇蹟之一是希臘羅德島的太陽神銅像。那裡的太陽神不是後起之秀阿波羅，而是羅德島的主神、老牌太陽神赫利奧斯。

　　據記載，這座雕像是西元前 292 年由該島的建築師來自林多斯的查理斯（Chares of Lindos）負責興建，於西元前 280 年竣工。赫利奧斯雕像高 30 公尺，接近現今的十層樓高，是當時世界上最高的雕像。他高高舉起的火炬被當作指引船隻入港的燈塔，他雙腿分開站在港口兩端，過往船隻在從他的胯下穿過，這既壯觀又滑稽的一幕倒是充分體現了太陽神睥睨天下的傲氣。遺憾的是，這座雕像於西元前 226 年不幸毀於一場地震，現代人只能靠想像來感受它的雄偉與傲慢。倒也難得，後世藝術家的別具匠心之舉也能讓人能窺見幾分太陽神銅像當年的風采。

赫利奧斯是第一代太陽神海柏利昂（Hyperion）的兒子，在羅馬神話中名叫索爾（Sol）。所以，拉丁系的語言裡「太陽」這個詞大多帶有 sol 這個詞根。比如，法語裡的太陽是 soleil，葡萄牙語是 solar，西班牙語乾脆就是 sol，即便在英文中與太陽相關的詞和詞根也是 solar。

無論對於古人還是當代人來說，太陽的地位都無可取代，所以太陽神在古人眼中也是地位至尊的大神。他高大、威猛、英俊，渾身散發著光芒，供人頂禮膜拜。

可是，當代人熟悉的太陽神卻不是這個連名字都很陌生的赫利奧斯，而是阿波羅。這是為什麼呢？其實，別說是當代人了，真正的古希臘人──古典時期的希臘人──就已經開始把阿波羅和太陽神混為一談了。事實上，阿波羅原本是光明神、音樂神、醫藥神、預言神、奔跑神，並不身兼太陽神的職責。可是從西元前 5 世紀起，太陽神赫利奧斯的形象開始與光明之神阿波羅的形象混同、重疊起來，直到後來赫利奧斯漸漸被人淡忘，人們直接以阿波羅為太陽神。

科幻電影《流浪地球》裡，人類之所以要帶著地球出去流浪，就是因為電影中的太陽已經到了老化的末期，即將發生太陽閃焰變成一顆紅巨星，人類不得已集體逃出，去給自己尋找新的太陽。赫利奧斯被阿波羅取代，難道也是因為他已經老了、黯淡了、醜陋了，所以被年輕俊美的阿波羅取代了？這個問題從文化上說是：多次遭外族入侵導致希臘地區的信仰體系發生變化，但神話上的解釋卻是：赫利奧斯是被他那個成事不足，敗事有餘的兒子連累下崗的。

2

狂妄自負的法厄同

　　赫利奧斯有個兒子，名叫法厄同（Phaeton）。他年輕英俊，卻也衝動任性，像文學作品中的那些豪門富少一樣，為自己的出身血統驕傲——驕傲到了自負的地步。

　　有一天，法厄同和宙斯的私生子發生爭吵，對方怒將了法厄同一軍，讓他拿出自己是太陽神之子的證據！法厄同這時才發現，自己很難向外人證明讓他一直引以為傲的血統，當下著急了。他任性地闖進父親居住的宮殿，一定要父親向世人證明自己的確是太陽神的兒子。

　　法厄同要求萬丈光芒的赫利奧斯向世界證明自己的血統。可是，這不是赫利奧斯肯不肯的問題，而是憑藉當時的條件根本做不到的問題。法厄同才不管這麼多，一味地要求父親一定要幫自己證明給世人看。赫利奧斯心疼兒子，對著冥河之水許下諾言：只要法厄同想到能證明他們父子關係的辦法，他就滿足他提出的任何要求。

　　希臘神話中的冥界有四條冥河，其中第四條名叫斯提克斯（Styx），是守誓之河。在希臘神話中，斯提克斯是泰坦歐開諾斯的女兒，也是勝利女神妮姬的母親。在宙斯等奧林匹斯眾神與泰坦巨人的戰爭中，她帶領孩子們幫助宙斯擊敗了老一輩的泰坦諸神。眾神為了感謝她，給了她一個特殊的榮譽：凡是以她的名義發了誓言，無論如何都不能取消。現在，赫利奧斯就是以這條守誓之河的名義發了誓，答應法厄同的任何要求，就算他此後再不情願，也不能違背。

赫利奧斯、法厄同與薩圖恩努斯、四季之神
尼古拉斯・普桑／1629—1630 年／布面油畫／125.1cm×155.7cm／柏林畫廊

<big>薩</big>圖恩努斯（Saturn）是羅馬神話中的大神，可是後來經常被人與希臘神話中的時間之神搞混。這幅畫中的法厄同來到了父親太陽神的宮殿，太陽神的宮殿裡還有時間之神、四季之神，這倒吻合當代物理學對時間與光之間關係的解釋。

　　話音剛落，法厄同就信心滿滿地提出了辦法：他要替父親駕駛一天太陽車。駕駛太陽車不僅是太陽神身分的標誌，更是太陽神的特權。法厄同需要駕駛太陽車來向世人證明自己的確是太陽神的兒子，還是受鍾愛的那個兒子。赫利奧斯當然不同意法厄同的胡鬧。拉太陽車的馬可不

是什麼溫順馴服的小馬，而是最桀驁的四匹駿馬——中國神話中拉太陽車的乾脆就是六條龍——法厄同小小年紀怎麼可能駕馭得了？一旦出意外，後果就不堪設想。

赫利奧斯知道法厄同沒有能力掌控太陽車，無論如何也不肯答應他的要求。可是法厄同依仗寵愛任性慣了，父親怎麼勸說都不聽。赫利奧斯本來可以拒絕法厄同，可是此前他已經對冥河發了重誓：他會答應法厄同的任何要求。

赫利奧斯的重誓可以說是真正字面意義上的「駟馬難追」了！他就算是天神也不能違背。最終，赫利奧斯拗不過法厄同，勉強同意讓他替自己駕駛一天太陽車。

太陽神赫利奧斯
西元前 300─前 280 年／
大理石浮雕／
85.8cm×201.2cm×58 cm／
原位於特洛伊雅典娜神廟，
現藏於柏林舊博物館

浮雕中的赫利奧斯駕駛著的馬車由四匹馬並排拉著。一般來說，當時的戰車由一匹或兩匹馬拉著，《荷馬史詩》中希臘勇士阿基里斯駕駛三匹馬拉的戰車就已經非常引人矚目了。因為要保證三匹馬保持相同的步伐、節奏、速度是比較考驗駕馭者的駕駛能力的。赫利奧斯更勝一籌，能夠同時掌控四匹烈馬，可見其能力非凡。不過，古代的希臘人一定不知道，中國殷商時期的禮儀是「天子駕六」，即天子的馬車由六匹馬並排拉。洛陽已經發現了「天子駕六」的真實遺蹟，遺址中的馬車果然由六匹馬拉。

答應歸答應，赫利奧斯還是很不放心。他反覆叮囑法厄同，一定要小心再小心，按照規定的軌跡駕駛車輛。他還告訴法厄同，不能把太陽車駕駛得太高，否則大地得不到足夠的光和熱；也不能太低，否則植物、動物都會被烤熟；甚至速度都不能太快或太慢，必須在規定的時間裡走完全程。

法厄同根本心不在焉，他一心陶醉在能夠當一天太陽神的巨大榮耀感之中，興奮地跳上太陽車，完全不顧父親的叮囑就疾馳而去。

可是，太陽神的兒子終究不是真正的太陽神。等法厄同真正上了太陽車，他才發現自己根本就控制不住拉車的駿馬。駿馬也發現這天的司機非常稚嫩，根本控制不住自己，就開始任由著性子胡亂奔跑起來。法厄同不明白，權力的另一面就是責任，直到此刻他才發現自己完全沒法駕馭這突然到手的權力，更無法承擔這份權力帶給他的責任。

阿波羅與法厄同
安德列・蘭扎尼／1650－1712 年／天頂濕壁畫／斯拉夫科夫城堡

阿波羅同意法厄同駕駛太陽車
約翰・邁克爾・若特邁爾／1690—1695 年／布面油畫／81.3cm×125.2cm／芝加哥藝術學院

赫利奧斯的神職最後被阿波羅替代，有些畫家因為法厄同是「太陽神的兒子」而把他歸為阿波羅的兒子。上圖描繪的正是法厄同終於取得畫家理解的「太陽神」的同意可以去駕駛太陽車的場景。右圖中隱隱可見的黃色弧線就是法厄同該走的軌道——黃道平面。

　　世界已經在他的任性中造成混亂，太陽車被奔馬拉得忽高忽低。當太陽車無比接近地面的時候，地面承受不住太陽熾熱的烈焰被烤得一片焦黑。於是，原本草木繁茂的非洲大地變成了沙漠，連住在那裡的衣索比亞人也被太陽烤得渾身漆黑，這就是希臘神話對衣索比亞人膚色的解釋。太陽車還被奔馬拉得忽快忽慢。因此，有的地方白天漫無止境，有的地方白天轉瞬即逝，時序混亂，人們的生活節奏、動植物的生長秩序也完全失控，天昏地暗。

奧林匹斯山上的眾神也發現了這個問題，可是已經來不及阻止了，大禍已經鑄成。眾神只能緊急商量，該怎麼及時止損，制止法厄同繼續胡鬧。他們怎麼才能讓法厄同停下太陽車呢？

　　只能讓法厄同墜落。

　　法厄同雖然死了，可是眾神對法厄同餘怒未消，覺得赫利奧斯也應該對這番災難擾攘負責。於是，赫利奧斯被合理問責，光明之神阿波羅取代他成為新一任太陽神。自從阿波羅成為太陽神之後，倒是再也沒出過任何問題，這更能彰顯阿波羅的理性。德國哲學家尼采在他的成名作《悲劇的誕生》中就乾脆將藝術創作中的理性精神稱為阿波羅精神，也經常被翻譯為太陽神精神。

法厄同登上太陽車
尼古拉斯・伯廷／1700—1725 年／布面油畫／89.5cm×115cm／巴黎羅浮宮

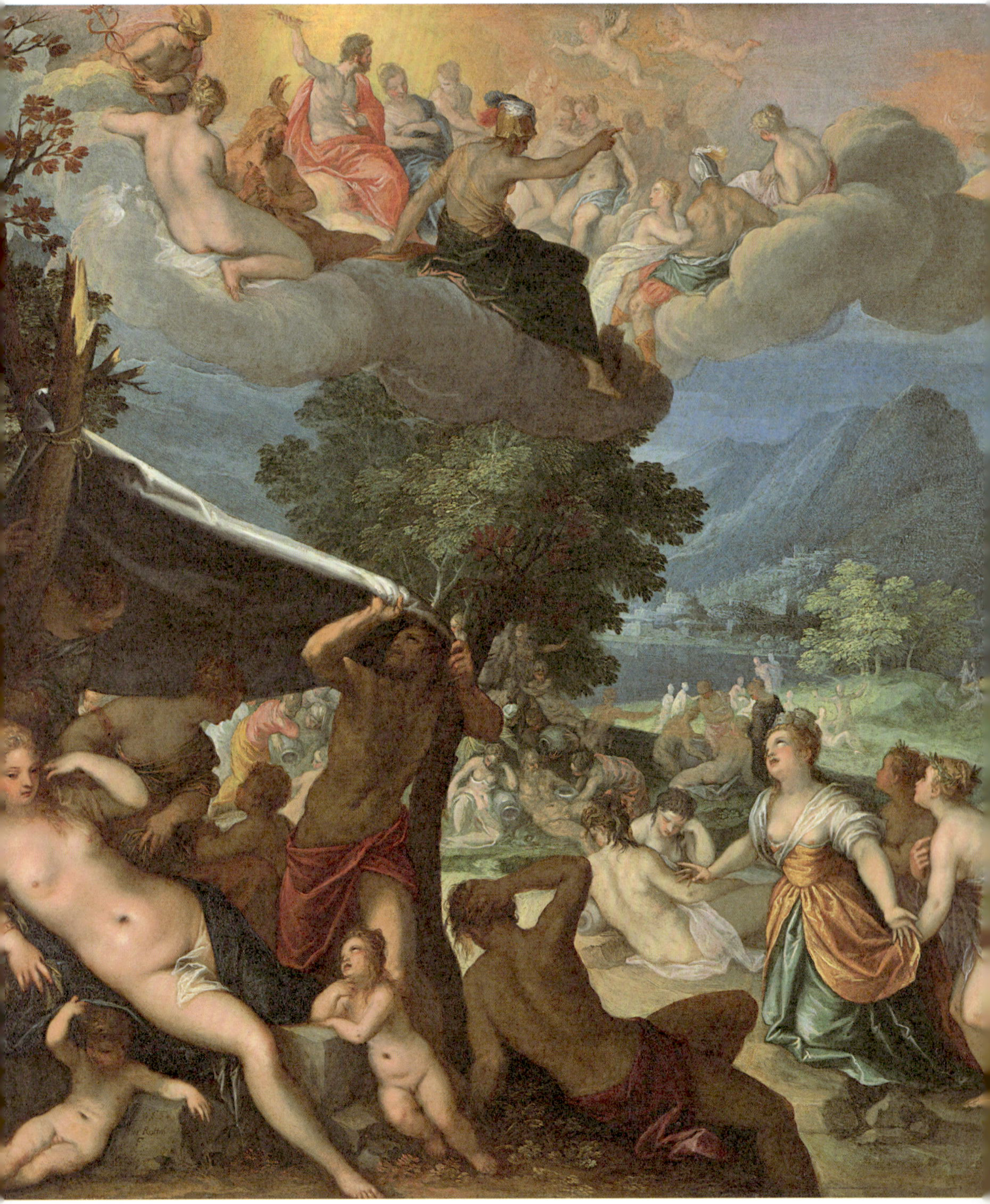

這幅畫雖名為「法厄同的墜落」，但並沒有直接展現法厄同的墜落，連法厄同的身影都只是依稀地隱在畫面右上角。畫面的中心是在展現法厄同帶來的災難。地上的人無不痛苦、驚恐，許多人在虔誠地向上天祈禱，希望能夠早點結束苦難。半空中，十幾位大神正在認真地開會討論，如果仔細辨認他們各自的身分都能辨識出來。一位女神指著法厄同的方向，似乎在指責，另一位大神對著法厄同的方向高高舉起了右手中的武器，已經準備出手了。

畫中那位準備動手的大神正是神王宙斯。他舉起自己的權杖，把一道雷電劈向了太陽車上的法厄同。另外還有一種說法，天后赫拉放出一隻毒蠍咬住法厄同的腳踝。無論是哪位大神出的手，最終的結果都是一樣的：法厄同應聲翻下太陽車。世界恢復了秩序，人間恢復了太平。

法厄同的墜落

漢斯・羅滕漢默／1604 年／木板油畫／39cm×54.5cm／海牙莫瑞泰斯皇家美術館

掌控不了的權力是危險的天蠍座

195

當然，也有人對法厄同的死充滿了悲傷痛苦。除了父母之外，法厄同還有五個姐姐，她們被稱為赫利阿得斯（Heliades，意為赫利奧斯之女）。法厄同被宙斯用雷電擊中後，翻身墜入厄里達諾斯河（Eridanus），河中仙女同情他的不幸，掩埋了他的屍體。法厄同的幾位姐姐終日為弟弟的死哭泣，日日夜夜在河邊哭泣。慢慢地，她們的身體都化作了河邊的白楊樹，眼淚都變成了琥珀。

　　宙斯同情這五個少女，便把那條河移到天界，成為波江座。傳說中那隻被赫拉放出咬死法厄同的毒蠍，後來被赫拉升上天，成為天蠍座。

　　波江座中的「波」並不是泛泛的「波浪」的意思，而是確確實實的一條河的河名。這就是義大利最大的河流──波河。古羅馬人把波江座看作是波河在天上的影響，也許波江座更應該被翻譯成波河座。

法厄同的墜落
老約瑟夫・海因茨／1595 年／木板油畫／122.5cm×66.5cm／德國萊比錫現代美術館

　　右圖描繪的正是法厄同墜落的情節。從上往下看，最上端的宙斯在眾神的注視下高高舉起權杖將雷電劈向法厄同，法厄同應聲從太陽車上翻落，中間是浩茫的天空，底下是法厄同的姐妹們驚恐地看著法厄同墜落。這幅作品的尺幅比例很接近中國山水畫中的立軸，有趣的是，中國立軸的山水畫要從下往上看，而不是這樣從上往下看。在有關繪畫的不同美學理念的影響下，中西方不僅畫畫的方式不同，就連看畫的方式也不一樣，而中西方的藝術家也用自己的作品構築起人們的視覺經驗。

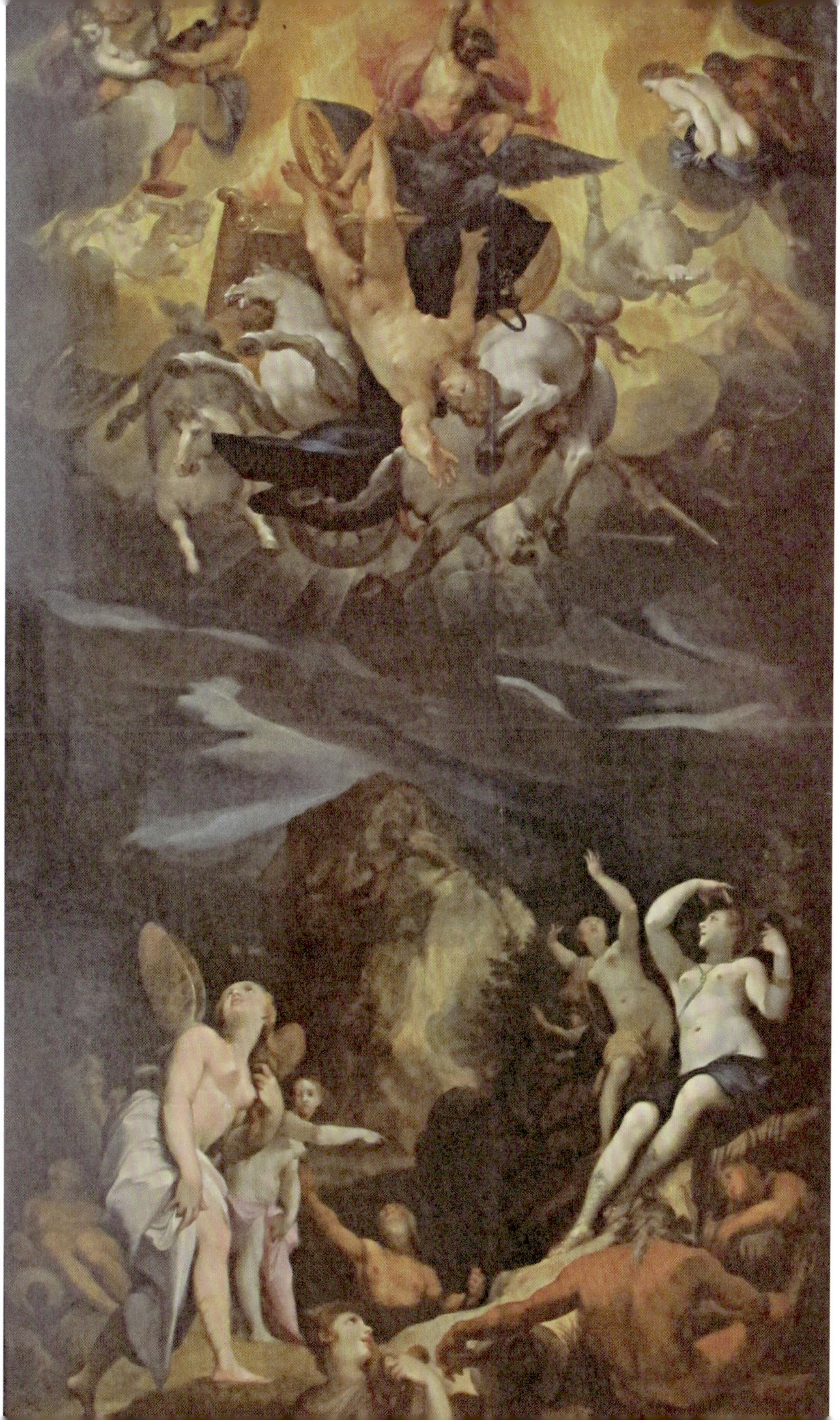

法厄同的墜落

約翰‧利斯／1624 年／布面油畫／126.5cm×110.3cm／倫敦英國國家美術館

這幅作品名為〈法厄同的墜落〉,可是畫面的主角並不是上方的法厄同,而是底下那五個痛苦的姐姐。她們幾個人的身體姿勢有提香〈黛安娜與阿克泰翁〉的痕跡,五個人分別暴露出身體的不同側面,五個人合在一起又能夠組成女性 360 度的身體全貌。

3

駛向滅亡的太陽車

法厄同的故事歷來被詩人和人文學者所重視，它能帶給人們許多警示，提醒人們時刻自省。

導致法厄同墜落的深層根源是什麼？

當然是他的虛榮。

法厄同要求駕駛太陽車，不是為了承擔自己的責任，也不是為了挑戰自己的能力，甚至都不是出於學習新鮮事物的興趣，而僅僅是為了證明自己的血統！可見，法厄同所追求的所謂「自尊」與「自信」都不是建立在自身的內在品質與價值上的，而是一些虛妄的外在符號，他在意他人的眼光遠多於在意自身的價值。因此，他所追求的所謂榮耀根本就只是虛榮。

追求虛榮，終將導致人的墜落。

法厄同的故事冷靜地提醒世人，人在追求虛榮時最大的問題是認不清自我。

法厄同認不清，自己根本沒有能力掌握駕駛太陽車的力量。他既認不清自我，更認不清這個世界。他沒有理解到力量只與自身素質相關，而與血統、機會等外在條件無關。當人以外在條件來衡量自我時，就容易陷入不自量力的陷阱。而更麻煩的是虛榮與急功近利的熱切蒙蔽了他的雙眼，他完全不理解太陽車意味著什麼，不理解太陽車能帶來什麼，他不理解自己真正身處的這個世界，濫用了這個世界為他提供的資源。

1 法厄同的墜落
揚・卡雷爾・凡・艾克／
1636—1638 年／布面油畫／
197cm×180cm／
馬德里普拉多博物館

2 法厄同的墜落
彼得・保羅・魯本斯／
17 世紀上半葉／木板油畫／
28.1cm×27.5cm／
布魯塞爾比利時皇家藝術博物館

魯本斯曾經以法厄同的墜落為主題設計了一幅草稿，揚・卡雷爾・凡・艾克利用魯本斯的草稿完成了繪畫作品。其中，法厄同墜落的姿態完全採取了魯本斯的設計。魯本斯很喜歡這個主題，除了這幅作品之外，還另畫了一幅〈法厄同墜落〉，為法厄同設計了另一種墜落的姿態。

這個主題在現代深深震懾著人們的內心。英國歷史學家阿諾德・約瑟夫・湯恩比談到人類在第二次世界大戰中使用原子彈時，便將它比作人類的「法厄同行為」：這種能夠毀滅人類的力量不是人類真正能夠掌握的，人類輕率研發核武器是人類自不量力的表現，人類要警惕變成那個因為無知而自我毀滅的法厄同。

　　希臘神話中的法厄同就是這麼一個不自量力的孩子，在虛榮心的促使下，妄圖掌握自己無法掌控的權力，卻對權力背後的危險毫無自知，以至於傷害了世界，也終於毀滅了自己。因此，藝術家們表現法厄同的墜落時很少流露出同情與惋惜，人們總是冷靜、甚至冷酷地呈現這一幕慘劇，更有許多人癡迷於表現他墜落時的驚恐與扭曲。

法厄同的墜落
彼得・保羅・魯本斯／1604—1608年／布面油畫／98.4cm×131.2cm／華盛頓美國國家美術館

法厄同

居斯塔夫・莫羅／1878—1879 年／紙上水彩、水粉／99cm×65cm／巴黎羅浮宮

獅子局部：獅子張開了大口，彷彿要過來撕咬他。

巨蛇局部：一條冒著黑煙的巨蛇，也張了嘴要吞噬他。

<big>莫</big>羅的作品一向有著強烈的象徵主義神祕感。他的這幅〈法厄同〉是在巴黎世博會上亮相的作品。當其他畫家更願意嘗試法厄同栽下太陽車時的身體姿勢時，莫羅創作的重點卻是法厄同被擊斃時的周遭環境。

法厄同的左側有一頭獅子張開了大口，彷彿要過來撕咬他；右側是一條冒著黑煙的巨蛇，也張了嘴要吞噬他。這段內容有古羅馬詩人奧維德在《變形記》中的淵源，奧維德曾經描述過法厄同駕著太陽車亂竄時給天上星座們帶來的災難，尤其是獅子座和巨蛇座：「靠北極冰冷地帶最近的巨蛇座，原來是從不傷人的，因為它冷得懶於動彈，這回也發熱了，火把它烤得發起怒來。」但是，從另一方面看，西方自古以來以獅子象徵權力和力量，以蛇象徵邪惡和貪婪。法厄同是被誰逼入死地的？是自身的貪婪和無法掌握的權利。

除了這兩個引人思考的象徵符號，這幅畫的斑斕色彩也引人入勝。法厄同腳下的海水已經呈現出赤褐色，彷彿在沸騰著、翻滾著，是已經失序的世界的象徵；法厄同的身後卻是靜寂的深藍色天空，象徵著人物的無助。法厄同站在中間，攤開雙臂，像是已經放棄了對太陽車的操控，等待命運的宣判。可是，他在死前的這一刹那站在四射的金光裡，那迴光返照般的絢爛輝煌反而顯得人物更加脆弱。

掌控不了的權力是危險的 天蠍座

203

4

晝夜的起源

中國古代天文學，把天蠍座身體部位的三顆星稱為商星。古人發現，這三顆與另外三顆星一升一落，永不相見，從來不同時出現於夜空中。那是獵戶座的三顆星，古人把獵戶座的三顆星稱為參星。自此，中國詩文、成語，甚至戲詞中都會經常出現這個詞——參商。元稹寫過：「天上參與商，地上胡與越。」白居易寫過：「五年同晝夜，一別似參商。」

古代希臘人和古代中國人一樣，也發現了天蠍座與獵戶座這一升一落永不相見的關係，所以關於天蠍座由來的第二種神話就與獵戶座聯繫在了一起。

古希臘有一個希臘版的「鐵掌水上飄」，名叫奧利恩（Orion），他相貌俊美，武藝高強，更驚人的是他能夠在海面上自如行走——因為他是海神波塞頓的兒子。

奧利恩少年時代被自己心愛姑娘的父親刺瞎了雙眼，扔在海岸邊。他向赫費斯托斯求助，火神憐憫他，就讓自己的侍從帶著他去找太陽神赫利奧斯幫忙。奧利恩眼睛看不見，就把火神派來的助手放到自己的肩頭，讓他坐在自己肩膀上為自己指路。兩人就這樣一路向東，來到了太陽神赫利奧斯居住的地方。赫利奧斯用自己的光芒治好了他的眼睛，讓他能夠重見光明。

失明的奧利恩尋找太陽神
尼古拉斯‧普桑／1658年／布面油畫／119.1cm×182.9cm／紐約大都會藝術博物館

奧利恩把火神的侍從放在自己的肩膀上。可見,這個奧利恩身材有多高大!簡直是個巨人。

　　恢復視力以後的奧利恩並沒有去報仇。他喜歡在叢林裡打獵,身邊也總有一條忠誠的獵犬緊緊跟隨。偏巧,希臘神話中還有一位很喜歡在叢林裡打獵的女神:阿波羅的孿生姐姐阿特蜜斯。奧利恩經常在打獵時與阿特蜜斯相遇,有時候還能碰見阿特蜜斯的母親勒托。這母女倆對奧利恩的相貌、身材、能力都非常欣賞,經常和他相約一起打獵。

掌控不了的權力是危險的 天蠍座

205

就這麼一來二去的，奧利恩愛上了美麗的阿特蜜斯。一次，他居然膽大包天地抱住了阿特蜜斯。這讓勒托十分生氣，她立刻放出了一隻蠍子，狠狠地在奧利恩的腳後跟螫了一下，當即喪命（有的版本說是阿特蜜斯本人放出蠍子）。

奧利恩死後，阿特蜜斯回憶起曾經和奧利恩一起打獵的那些美好的日子，還是心有不忍，便把他升上了天空成為獵戶座，又把那個蠍子升為天蠍座。

黛安娜與奧利恩
蒂施拜因工作室／1762年／木板油畫／62.5cm×81.5cm／慕尼黑漢佩爾藝術拍賣行

不過，這個故事裡的阿特蜜斯很不像我們熟悉的阿特蜜斯。當年，阿克泰翁（Actaeon）無意間見到了她沐浴，便被她變成了鹿，最後還被自己的獵狗撕咬而死。如此冷如月光的大女神，怎麼會在奧利恩冒犯她之後，還把他升為天上的星座呢？

因此，這個引人懷疑的故事還有另外一個流傳更廣泛的版本。故事的開始是一樣的，奧利恩經常帶著自己的獵犬打獵，偶然遇到了阿特蜜斯。這對志同道合的男女很快就成了朋友，經常相約狩獵，慢慢兩人又相愛了。不是奧利恩一廂情願，而是兩人互生情愫，曾經發誓終身不嫁的阿特蜜斯，難得對奧利恩動了心、動了情。

　　對於孿生姐姐的這一點變化，阿波羅生氣了！他決定在阿特蜜斯正式提出和奧利恩結合之前，動手除掉這個奧利恩。這一回是阿波羅放出一隻毒蠍螫死了奧利恩。

這幅作品裡的黛安娜（阿特蜜斯的羅馬名），與奧利恩甜蜜相望，狩獵女神難得地展現出了嬌俏柔媚，的確是一個陷入愛情的少女的形象。

黛安娜與奧利恩
雅克・貝朗芝／1575—1616年／
蝕刻版畫／46.8cm×20.5cm／
紐約大都會藝術博物館

阿特蜜斯發現自己心愛的人被自己的孿生弟弟害死，痛苦又憤恨，誓與阿波羅「不共戴天」，這是真正的不共戴天。從此，日落月上，日升月沉，她作為月神與新一任太陽神永不相見。天上的宙斯看到這一幕慘劇唏噓不已。他同情奧利恩的無辜，把他升到天上成為獵戶座，讓他可以和心上人——月神阿特蜜斯永遠在一起。

黛安娜與奧利恩
艾蒂安・德洛納／1518—1583年／版畫／華盛頓美國國家美術館

　　圖中頭戴月牙裝飾的正是黛安娜（阿特蜜斯），她的一隻手搭在奧利恩的肩上，兩人顯得很親密。可以注意到，奧利恩除了帶著兩條獵犬，還被背生雙翅的小愛神抱住了小腿，這代表著奧利恩和阿特蜜斯已經陷入了愛情。可是，阿特蜜斯此時卻轉頭看向阿波羅，而阿波羅的手勢、神情都顯得很氣憤。顯然，阿波羅在阻撓兩人的相愛。畫面左側還有其他一些女神在旁觀，她們是阿特蜜斯的侍從。大家都看著阿波羅的方向，三三兩兩地議論著，彷彿在各自抒發對阿波羅的看法。

1

2

1 黛安娜在奧利恩屍體旁邊
丹尼爾・塞特／17世紀／
布面油畫／116cm×152cm／
巴黎羅浮宮

2 獵戶座
約翰・拜耳／1603年／《測天圖》插圖

　　奧利恩那條忠心的獵犬知道主人慘死後，夜夜哀號，不吃不喝，沒幾天也追隨主人死去，被宙斯一起升上天空，成為大犬座。彷彿為了不讓這個獵人和獵犬寂寞，眾神還特別在他們身邊放了一個小小的獵物，這就是天兔座。至於那個螫死奧利恩的蠍子，也就成了天蠍座。這個蠍子當然無顏見奧利恩，所以，天蠍座和獵戶座也永不相見。

　　關於阿波羅殺死奧利恩，有一種說法認為這事與天蠍無關。阿波羅趁奧利恩全身浸在海水中、只微微露出個頭頂時，騙阿特蜜斯說那是海中的一塊礁石，讓她射中那塊礁石來顯現自己的射箭本領。阿特蜜斯沒有察覺他的詭計，便一箭射死了自己的愛人。

掌控不了的權力是危險的 天蠍座

但是這種傳說背後也有一個引人思考的問題：為什麼阿波羅要干涉阿特蜜斯的愛情？

一種看法認為，阿特蜜斯是處女神，這象徵著古代社會中女祭司必須保持處女的純潔身分。阿波羅發現自己的姐姐「動了凡心」，有失去純潔身分的危險，為了保證女神的地位才定了這番毒計。另一種看法從心理學角度出發，認為這是阿波羅在嫉妒。人世間中小姑對嫂子、弟弟對姐夫常常會有一種微妙的抵觸情緒，也許阿波羅也在此列。

黛安娜痛悼奧利恩之死
艾蒂安・德洛納／1518－1583年／版畫／8.3cm×10.9cm／華盛頓美國國家美術館

在這幅作品的中間，奧利恩的肩膀上插著一支箭，而頭戴月牙的黛安娜（阿特蜜斯）驚恐萬狀地看著他。很明顯，這幅版畫採用了後一種說法。奧利安的腿旁扔著一副弓箭，這說明了他與阿特蜜斯志同道合，小愛神跪在他的頭邊，也暗示了兩人之間已經產生了愛情。在畫的右半邊，阿特蜜斯跪在宙斯面前，像是在告狀，在發誓：這是她與新任太陽神阿波羅不共戴天的開始。

天蠍座

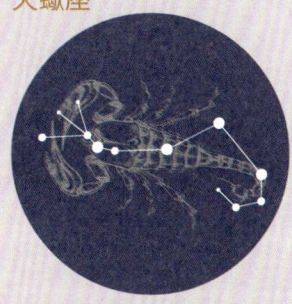

天蠍座在黃道上占據了短短 7 度的範圍，是十二個星座中黃道經過最短的一個。它位於南天球，中國北緯 40 度以北的地區（北京以北）看不到完整的天蠍座。天蠍座在夏夜非常明顯，夏天晚上 8、9 點鐘的時候，南方離地平線不很高的地方有一顆亮星，它就是天蠍座 α。天蠍座從 α 星開始一直到長長的蠍尾都沉浸在茫茫銀河裡。天蠍座 α 恰恰位於蠍子的胸部，因而西方稱它是天蠍之心。有趣的是，在中國古代，天蠍座 α 正好被劃在二十八宿的心宿裡，叫作心宿二。

法厄同雖然有些虛榮，可是他對於自己的目標執著、堅定，做事時毫不猶豫，這種腳踏實地的個性也是天蠍座可貴的特點。希臘神話裡的法厄同並不隱藏自己對權力、榮耀的渴望，只要手段合適，這何嘗不是激勵現代人成長的必要動力？只是，在追求榮耀與權力時，法厄同也用自己的墜落告誡人們時刻記住：榮耀的反面是危險，權力的背後有責任。

波江座

波江座

波江座（Eridanus）位於獵戶座的西南方向。它的名字也是義大利的波河在希臘神話中的名字。這個星座的星域彎彎曲曲，被視為波河在天上的投影。這也是一個南天星座，北緯 32 度以南（重慶─武漢─南京一線）才能看得到完整的波江座。波江座內大部分星都不亮，但一頭一尾的兩顆星卻比較亮，尤其是最南端的波江座 α，它在中國古代被稱為水委一。

掌控不了的權力是危險的　天蠍座

獵戶座

天狼星

獵戶座

獵戶座（Orion）是冬夜天空中最好辨認的星座了。在獵戶座的中央有一線排開的 3 顆明星，在現代首要城市的燈火輝煌中也能看到。這是獵人閃亮的腰帶，也就是中國人說的參星。獵戶座內最亮的是 β 星，它的視星等為 0.12，在全天的亮星中排在第七位。獵戶座 α 是全天第九亮星，視星等變化範圍為 0.3—1.2，變化週期為 5 年半，屬於不規則變星。每年 1 月底至 2 月初晚上 8 點多的時候，獵戶座內連成一線的 δ、ε、ζ 三顆星高掛在南天，所以有句中國諺語「三星正南，就要過年」。

獵戶座最神祕的傳說大概要數它和金字塔的關係了。以胡夫金字塔為首的最大的 3 座金字塔，不僅在位置上與「腰帶三星」精確對應，金字塔大小也表現出 3 顆星的不同光度。此外，如果把大金字塔對準獵戶腰帶 3 星，則第四王朝的 7 座金字塔的其中 5 座剛好對應著獵戶座另外 5 星的位置。尤其神祕的是，如果把這幅天上人間的地圖做比較，天上銀河的位置剛好對應埃及的尼羅河。獵戶座與胡夫金字塔天上地下遙相應，銀河與尼羅河也以地平線為軸呈對稱分布。這種對應關係引來了無數推測和假想。

天兔座

　　天兔座（Lepus）是南天星座之一，形狀像個「工」字，被想像為一隻一隻被大犬、小犬追逐的兔子。天兔座位於獵戶座正南，大犬座與波江座之間，座內最亮的四顆星 α、β、ε 和 μ 組成了一個不規則的四邊形，其中 α 和 μ 這條邊與獵戶座 κ 和 β 這條邊的距離，跟 κ 和 β 與獵戶三星的距離是差不多的。用這個辦法可以嘗試找到天兔座。

大犬座

　　冬夜，從獵戶座的 3 顆腰帶向西南方向延伸，很容易就能看到大犬座 α。可能很多人並不熟悉大犬座（Canis Major），但大犬座 α 肯定每個人都見過，這就是大名鼎鼎的天狼星。天狼星是全天最亮的恆星（除太陽外），即使城市璀璨的燈光也掩蓋不住它的明亮。它的視星等為 -1.44，是排名第二亮的老人星（船底座 α）的 2 倍。它的亮度實在太高，以至於有時候太陽尚未落山我們就能看見它。天狼星距離地球 8.6 光年，亮度卻比太陽要高 25 倍。1977 年，美國向天狼星發射了旅行者 2 號飛船，預計在 29.6 萬年之後到達天狼星。

　　希望我們都能等得到那一天。

Eug. Delacroix

Chapter 7

命喪徒弟之手的師傅
射手座
Sagittarius

1

聲名狼藉的半人馬族

射手座又被稱為人馬座。星空中還有一個半人馬座，這兩個星座的名字十分接近，很容易搞混。說起人馬座，還真要從半人馬座說起。

半人馬是希臘神話中的一個種族。這個種族都是人面馬身，半人半馬，被稱為肯陶洛斯（Centaur）族。

這個奇怪的肯陶洛斯族的出現，還要追溯到本書開篇的那個故事。還記得被伊克西翁摟住的那朵雲嗎？

這兩尊雕刻作品非常相似，只是一尊是灰黑色大理石質地，一尊是白色大理石質地。它們都是在羅馬出土的，是羅馬帝國時期對古希臘雕像的複製品。有意思的是，灰黑色的這尊雕像是在羅馬哈德良皇帝的別墅——哈德良別墅附近出土的，與此同時人們還發現了另一尊同樣用灰黑色大理石雕刻成的半人馬作品〈年輕的肯陶洛斯與艾若斯〉。

根據這兩尊灰黑色雕像的質地、年代、出土地點可以判斷，它們原本是成對的雕刻作品。

那麼，羅浮宮的這一尊呢？羅浮宮收藏的這尊白色大理雕像中，老肯陶洛斯的表情、動作與收藏在羅馬的那尊灰黑色的幾乎一模一樣。據此，人們判斷，收藏在羅馬的老肯陶洛斯和年輕的肯陶洛斯背上都應該有個小愛神艾若斯，可是現在這兩個小愛神都丟失了。而羅浮宮的這尊白色大理石雕像，應該也有個和它成對的黑色大理石雕像〈年輕的肯陶洛斯與艾若斯〉，可是這尊雕像到現在也仍未找到。真不容易，古希臘時期這一對原作到底是怎樣的，人們要靠好幾尊不同的雕像才能拼湊出完整的原貌來。

1 老肯陶洛斯
西元 2 世紀（哈德良在位時期）／灰黑色大理石雕像／高 134cm／羅馬卡比托利歐博物館

2 老肯陶洛斯被艾若斯捉弄
西元 2—3 世紀／白色大理石雕像／
高 149cm，長 99cm，寬 54cm／巴黎羅浮宮

3 年輕的肯陶洛斯與艾若斯
西元 2 世紀（哈德良在位時期）／灰黑色大理石雕像／高 136cm／羅馬卡比托利歐博物館

那朵雲被伊克西翁玷污之後懷孕了，生下了一群半人半馬的怪物，這就是肯陶洛斯族的由來。也許是因為他們的祖先伊克西翁色膽包天、無信無義，這個種族在希臘神話裡可以說是聲名狼藉。總體來說，他們兇狠、暴躁、狡詐……，基本上人類的負面形容詞都可以放在他們身上，尤其是好色。

命喪徒弟之手的師傅 射手座

肯陶洛斯劫持寧芙

亞歷山大・羅薩格／1905 年／木板油畫／49.5cm×89cm／私人收藏

寧芙是希臘神話中一群活躍在山林、水澤、大海中的底層仙女們的總稱。在上面這幅畫中，年老醜陋的肯陶洛斯與白皙豐腴的寧芙形成對比。畫家用身體姿勢表現寧芙的驚恐，與肯陶洛斯狡黠而得意的笑形成鮮明對比。

帕拉斯（Pallas）原本是海神的女兒，也是雅典娜最親密的朋友，她們喜歡真刀真槍地比武，在生死一線的較量裡增進友誼。一天，宙斯看見這一幕，誤會雅典娜的生命受到威脅，出手用雷電劈死了帕拉斯。雅典娜對閨蜜之死痛苦不已，以她的名字為自己的別名。《荷馬史詩》裡一般都稱雅典娜為帕拉斯，雅典城裡祭祀雅典娜的神廟也因此被稱為帕特嫩神廟。右頁這幅畫作名稱中的帕拉斯就是指智慧女神雅典娜。

帕拉斯與肯陶洛斯
桑德羅・波提切利／約 1483 年／布面蛋彩畫／207cm×148cm／佛羅倫斯烏菲茲美術館

波提切利式表情、站姿與髮型

　　這幅〈帕拉斯與肯陶洛斯〉是文藝復興初期佛羅倫斯畫家波提切利的一幅名畫,畫家把智慧女神雅典娜與肯陶洛斯並置在一起,有著深厚的政治寓意。當時的佛羅倫斯處於美第奇家族的掌控中,這個家族剛剛平息了另一個家族發動的叛亂。畫家以半人半獸的肯陶洛斯族來象徵叛亂者的暴力、野蠻、非理性,而智慧女神雅典娜則頭戴橄欖枝、穿著有美第奇家族的徽章圖案的衣服,成了美第奇家族維護城市和平的象徵。

　　儘管有濃厚的政治寓意,這幅作品仍然有波提切利一以貫之的風格。畫中的雅典娜雖然身形健壯,但面容和所有波提切利作品中的女神一樣帶著淡淡憂鬱,也都把身體的中心放在一條腿上。甚至連她的髮型都和〈維納斯誕生〉中的維納斯(阿芙蘿黛蒂的羅馬名)、〈春〉中的花神芙洛拉(Flora)一模一樣:這簡直是波提切利招牌式的表情、站姿與髮型。尤其是髮型,都是在胸前與頸部前後纏繞成結,數縷頭髮垂至胸前,在靠上部的地方束起。

諸神的星空

220

法爾內塞杯
西元前 2 世紀／
纏絲紅瑪瑙雕刻／
直徑 20cm／
拿坡里國家考古博物館

A 面

B 面

波提切利式女神的這種髮型，既不是文藝復興時代流行的髮型，也沒有在此前的畫家們筆下出現過，它是從何而來的呢？人們發現，這個髮型在美第奇家族的一件藝術珍藏品中出現過。那是羅倫佐・德・美第奇於 1471 年去羅馬時得到的藏品，是在遠東地區製作的羅馬帝國時期的瑪瑙浮雕，這藏品現在被稱為法爾內塞杯因其後被義大利法爾內塞家族收藏得名，浮雕的一面就刻有這樣髮型的一個散髮女神形象。這件藏品在所有美第奇家族的收藏中都算得上是一件頂尖級的珍品，以波提切利與羅倫佐・德・美第奇的私交來看，很明顯波提切利後來筆下的眾多女神都參考了這件作品中女神的髮型。

命喪徒弟之手的師傅　射手座

221

2

血色婚禮

　　這個種族發起的一次最臭名昭著的搶劫，發生了在拉庇泰人國王庇里托俄斯的婚禮上。庇里托俄斯是英雄忒修斯的好朋友，同時也是伊克西翁的兒子，和那群肯陶洛斯還算是同父異母的兄弟。所以，他的婚禮也邀請了肯陶洛斯族來參加。

　　婚禮當然是件開心的事，大家一起推杯換盞，飲酒狂歡。沒想到，這些肯陶洛斯多喝了幾杯酒後，好色的老毛病犯了，其中一個名叫歐律提翁（Eurytion）的居然越看新娘越喜愛，乾脆動手搶走了新娘。有歐律提翁率先動手，其他的半人馬們也都意亂情迷，紛紛搶奪婚宴上的其他女賓客。一場婚宴，立刻就亂了起來。

　　庇里托俄斯哪裡肯幹，馬上就和這些半人馬打了起來，婚宴立刻變成了一場惡戰。最終，新郎庇里托俄斯在好友忒修斯的幫助下，戰勝了肯陶洛斯族，保住了自己的新娘。

　　順便說一句，大家還記得庇里托俄斯的結局嗎？

　　在獅子座故事中，我們曾經提到過，赫拉克勒斯下冥界捉三頭犬時發現了被鎖在那裡的忒修斯和他的朋友庇里托俄斯。庇里托俄斯被困冥界，是因為他自願陪忒修斯去搶冥后，結果和忒修斯一起被冥王鎖在那裡受罰。赫拉克勒斯原本想解救這兩個膽大包天的朋友，可是只來得及解救了忒修斯，解救庇里托俄斯時冥界震動，所以他一直被鎖在冥界的大石頭上。

庇里托俄斯的婚禮
西元前 470－前 456 年／原位於奧林匹亞宙斯神廟三角楣，現收藏於奧林匹亞考古博物館

  古希臘建築由立柱支撐，房頂則是斜坡，這種人字形坡頂與底下的立柱之間需要用橫樑來間隔，橫樑上方因此形成了三角形的空間，這就是古希臘神廟普遍存在的三角楣（pediment），古希臘人經常在此處放上雕像做裝飾。古希臘神廟沒有牆、沒有門，四面由立柱環繞，「前門」、「後門」的位置都會有這種三角楣飾，而兩側會有長條形的橫樑裝飾。憑藉這個，人們就能判斷神廟的門在哪裡了。

忒修斯與肯陶洛斯作戰
安東尼奧・卡諾瓦／1810 － 1819 年／大理石雕像／340cm×370cm／維也納藝術史博物館

這組雕像是奧林匹克的宙斯神廟上的三角楣飾之一，講述的就是庇里托俄斯婚禮上發生的故事（另一側是關於奧林匹克運動會由來的故事）。中央站立的人是阿波羅，他是拉庇泰人的守護者；阿波羅的左右分別是新郎庇里托俄斯和新郎的好友忒修斯；庇里托俄斯的身旁是搶劫他新娘的歐律提翁，忒修斯正和肯陶洛斯族展開搏鬥。這組人物或趴、或跪、或站，高低走勢有序，既符合戰鬥的激烈情景，又和三角形整體形狀自然協調。

如果那時還難以理解庇里托俄斯怎麼肯幫忒修斯做那麼出格的事，那麼現在想想忒修斯曾經為他做過的那種兩肋插刀（甚至有點愚蠢）的行為，也就可以理解了。

半人半馬的文化來源

希臘神話中為什麼會有這麼個半人半馬的種族？一直以來有多種不同的解釋。一種比較通行的說法認為，這是受到古代原始宗教中圖騰崇拜的影響。在希臘地區可能曾經生活著一個以馬為圖騰的部落，他們民風彪悍，還殘留著古代搶婚的習俗，久而久之就被心懷恐懼的希臘人訛傳為半人半馬的肯陶洛斯族。還有一種猜測比較有趣。因為古代希臘人並不直接騎馬，而是以馬拉車代步。可是在當時的色薩利地區有一個部落卻掌握了騎馬技術，可以直接騎在馬上行動自如。可以想像，普通坐馬車的人乍看見這種騎馬的部族時內心得有多震撼！在他們眼中，這個部族的人簡直人馬不分，彷彿是半人半馬一般。慢慢地，關於這個部落的神奇傳說演變成了神話的素材，色薩利人成了肯陶洛斯族。

肯陶洛斯
120—130年／
馬賽克鑲嵌畫／
585cm×915cm／
柏林舊博物館

這幅馬賽克鑲嵌畫是18世紀在古羅馬哈德良皇帝的別墅中發現的，描繪了一男一女兩個肯陶洛斯與老虎、獅子、豹子作戰的激烈情景。畫中那個女肯陶洛斯已經受傷，眼看就要命喪虎口，男肯陶洛斯打敗了獅子，正要趕來解救，在他們旁邊，一隻豹子虎視眈眈地看著這番搏鬥，準備坐收漁翁之利。雖然很多藝術家會強調這些肯陶洛斯淫邪、暴怒等獸性的一面，但這幅作品卻強調了他們之間守望相助的人性特徵，在表現肯陶洛斯的作品中非常罕見，也被認為是羅馬馬賽克鑲嵌畫中最具藝術性的作品之一。

命喪徒弟之手的師傅　射手座

3

英雄難逃一死

　　肯陶洛斯族是半人半馬,可不是所有長成半人半馬的都是肯陶洛斯族。比如,希臘第一名師凱隆就不是。凱隆雖然長得半人半馬,但他是真正神的子孫,不是肯陶洛斯族人。他的父親是克洛諾斯,母親是山澤女神菲呂拉(Philyra),可以說他是宙斯同父異母的兄弟。據說,克洛諾斯與菲呂拉幽會時,他的妻子瑞亞趕到了。克洛諾斯一緊張,把自己變成一匹馬逃過了妻子的眼睛,但這麼一來,菲呂拉後來生下的兒子凱隆就成了一副半人半馬的模樣。

阿基里斯的教育
詹姆斯・巴里／1772年／布面油畫／102.9cm×128.9cm／
耶魯大學英國藝術中心

這幅作品中,年少的阿基里斯手上拿著豎琴,身旁豎著長矛和盾牌,面對半人馬的凱隆受教。這正是旨在體現凱隆文武全才的特點。

阿基里斯的教育

歐仁·德拉克羅瓦／1862 年／紙本粉彩畫／30.6cm×41.9cm／洛杉磯保羅·蓋蒂藝術中心

德拉克羅瓦是 19 世紀法國浪漫主義畫派最重要的畫家，被後人稱為「浪漫主義的獅子」。之所以有這個稱號，還與他對繪畫的色彩、筆觸、激情的追求相關。歐洲美術史上有過三次「素描與色彩」之爭。第一次是文藝復興時期注重素描的佛羅倫斯畫派（波提切利、達·芬奇、米開朗基羅等為代表的）與重視色彩的威尼斯畫派（提香、委羅內塞等人為代表的）的差異，第二次是 17 世紀注重素描的普桑與注重色彩的巴洛克畫家（魯本斯等人為代表的）的差異，但是真正形成「打對台」式競爭關係的，就是 19 世紀注重素描的安格爾與注重色彩的德拉克羅瓦之爭。甚至當時還有人為這兩位畫家畫過漫畫，讓安格爾手持鉛筆，德拉克羅瓦手持油畫筆，以示兩人的差異。

命喪徒弟之手的師傅　射手座

儘管注重色彩，但德拉克羅瓦對馬的表現也非常精準。他曾經到訪過北非的摩洛哥，那裡阿拉伯駿馬的身姿給他留下了深刻的印象。回到法國後，他也經常去馬廄觀察馬，去動物園觀察動物，以此來形成自己的創作積累。但他又不像古典主義畫家那樣拘泥於事物的真實形態，他認為藝術形象應該不僅是對生活的模仿，還應該表現出畫家的主觀意念和關於美的激情，也就是認為藝術的形象應該是客觀（真實形象）與主觀（畫家內心情感）的統一。這幅作品中的凱隆形象就是他這種觀點的充分體現：既有駿馬矯健的身姿，又有人類英雄的姿態，是真實與想像的結合。

除此之外，這幅作品的色彩和筆觸也充分體現著浪漫主義的激情。德拉克羅瓦成熟期的創作一直致力於用色彩來補充素描的不足，即使是油畫也一改傳統的先畫素描，再層層上色的畫法，而是直接用色彩塑造形象，使色彩不再是依附於素描關係，具有了獨立意義。而粉彩筆的使用更讓他能夠酣暢淋漓地用色彩來進行創作，這幅作品不僅利用了粉彩筆豐富、明亮的顏色，也利用了粉彩筆的材料特點，藉由粉彩筆的筆觸感來表現人物的激情。畫作的筆觸粗獷，色彩細膩而又鮮明，細緻地展現了黃昏薄暮時豐富的天色變化，草地在粗獷的筆觸下似乎也在跟著馬匹扭動、歡騰，洋溢著一種快樂、激動的氣息，小阿基里斯的歡樂與青春激情幾乎就要從紙上跳躍而出。

　　凱隆是希臘神話中所有傳奇英雄的師父。他的弟子有忒修斯、伊亞森、赫拉克勒斯、阿基里斯等，個個大名鼎鼎。甚至擅長音樂的奧菲斯和醫藥神阿斯克勒庇俄斯（Asclepius）都是他的弟子。從這些徒弟的名單就可以看出，凱隆是個文武兼修、六藝精通的人物。無論是武藝，還是音樂、醫藥，就沒有他不擅長的。

　　這樣的希臘世界第一名師，最終卻命喪自己弟子之手。這個弟子正是大力神赫拉克勒斯。

　　赫拉克勒斯的十二功績中有一項是活捉厄律曼托山上的野豬。在追趕野豬的途中，他經過一個名叫福羅斯（Pholus）的馬人的家。多年前，酒神戴奧尼索斯曾經親手送了一桶酒給福羅斯的祖先，並叮囑他自己不

畫與浪漫主義

　　粉彩畫（pastel）不是人們熟悉的水粉畫，而是用一種特製的彩色粉筆在紙或布上直接創作的繪畫形式。這種繪畫形式利用粉彩筆的覆蓋及筆觸的交叉變化而產生豐富的色調。由於粉彩筆本身幾乎就是純的色素，所以能夠保證畫作色彩的飽和度及鮮亮程度，可以畫出色調非常細膩的調子。

　　粉彩畫原本並不很受畫家重視，直到洛可可時期，畫家們對粉彩畫興趣增加。到了重視色彩的德拉克羅瓦手上，粉彩畫全面復興了。他創作油畫作品之前，經常會先創作粉彩畫，用它來測試不同的色調，以便繪製出完美的油畫作品。他也非常喜歡用粉彩筆強烈的顏色以及這種繪畫材料與生俱來的鮮明筆觸感，來表現人物的劇烈動作，把動感、色彩和筆觸三者很好地結合在了一起。到了創作晚期，他還用粉彩筆創作了大量黃昏和夜晚的風景畫，作品的色彩感和空間感明顯，明顯體現出了浪漫主義繪畫與印象派繪畫之間的橋樑、承續關係。正是有了他對粉彩畫的探索，後來才能出現印象主義時期代表竇加這樣利用粉彩畫創作不朽傑作的畫家。

芭蕾明星（露西塔・穆莉）
愛德格・竇加／1876年／
紙上粉彩畫／58.4cm×42cm／
巴黎奧賽博物館

命喪徒弟之手的師傅　射手座

能打開，要一直傳到第四代馬人才行。戴奧尼索斯預知這個馬人的第四代傳人就是福羅斯，而他會有機會招待大力神赫拉克勒斯，便做了這番預言，就是想讓福羅斯招待赫拉克勒斯。

福羅斯熱情地用烤肉款待了客人，赫拉克勒斯吃著烤肉覺得美中不足，提出來要有美酒來佐伴佳餚。福羅斯開始不答應，說自己家藏的酒是替整個肯陶洛斯族保管的，不能私自拿出來待客。可是赫拉克勒斯堅持要喝，還說會保障他的安全，不讓其他族人來找麻煩。福羅斯算了算，發現自己正是第四代，現在打開酒也不算違背酒神的禁令，便走進地下室把酒桶打了開來。

酒神親釀的美酒，加上數百年的窖藏，可以想像，封蓋一打開，酒香四溢。如果說，人間的美酒還只能做到「酒香不怕巷子深」的話，那麼這酒神親釀的百年窖藏，就是「酒香不怕地窖深」了。

濃烈酒香轉眼就充盈了地窖，進而滲透到福羅斯的家，很快又溢出了房門，充盈在附近的鄉野間，連空氣都芬芳欲醉。周邊的馬人都聞到了，他們循著芬芳蜂擁而至，把福羅斯的地窖團團圍住。赫拉克勒斯看來了這麼多馬人，以為他們是來找福羅斯麻煩的，就和這些肯陶洛斯打了起來。

赫拉克勒斯打退了第一批馬人，又拿起弓箭去追其他的馬人。這些馬人哪裡打得過他，一路奔逃，一口氣逃到了伯羅奔尼薩斯半島東南角——那也正是凱隆居住的地方。赫拉克勒斯可能是喝多了沒

赫拉克勒斯在福羅斯家
西元前 520—前 510 年／古希臘陶瓶畫／
高 24.3cm，直徑 19.7cm ／巴黎羅浮宮

多想,追著這些肯陶洛斯到了那裡,遠遠地看到前面有許多馬人,根本沒做分辨,舉起弓箭就向那些馬人射去。他的箭擦過一個肯陶洛斯的手臂,直直射中凱隆的膝蓋。

等赫拉克勒斯看見自己的箭居然射中了凱隆,急忙奔過去幫老師拔下箭頭醫治。凱隆自己就精通醫療,處理一般的小傷口完全沒有任何問題。

別忘了,赫拉克勒斯的箭和其他箭都不一樣,它浸過九頭蛇的毒血,凡是被射中的人都無藥可治。凱隆被毒箭折磨得痛苦不堪,但是他偏偏是神,擁有不朽的生命,這使他更痛苦:既痛不欲生,又求死不得,他必須在毒箭帶來的痛苦中永遠煎熬。

赫拉克勒斯知道自己無意間闖了禍,卻也無計可施。他只能含淚告別了凱隆,並向老師發誓:無論如何都要替他找到解脫的辦法,如果實在不能救助他,就請冥王幫他擺脫這樣的境遇。

赫拉克勒斯與涅索斯
詹博洛尼亞／1599 年／大理石雕像／
佛羅倫斯傭兵涼廊

這件作品的名字是「赫拉克勒斯與涅索斯」,但是從希臘神話故事的角度看,真正需要赫拉克勒斯揮舞起巨大棍子與之搏鬥的絕不會是涅索斯(Nessus),而應該是那些害他誤傷老師的肯陶洛斯。

命喪徒弟之手的師傅　射手座

231

後來，赫拉克勒斯在高加索山上遇到了被縛的普羅米修斯，想解救他，可是他的力量不足以對抗宙斯的命令，不能這麼平白無故地把人帶走。凱隆得知了這個消息，提出願意放棄永恆的生命，來換取普羅米修斯從高加索山上解脫——這請求簡直像是現代引起爭議的「安樂死」。宙斯同意了這個交換，這下兩全其美了：普羅米修斯被救走，而凱隆失去了永恆的生命，終於結束了自己那無窮無盡的痛苦。

凱隆死後，宙斯既同情他，又欽佩他，因而把他升上了天空，成為人馬座，而那射中他的箭就成為天箭座。由於這個星座的故事與箭相關，人馬座也被稱為射手座。

赫拉克勒斯解救普羅米修斯
尼古拉斯・伯廷／1703年／布面油畫／60cm×49.4 cm／美國伯明罕藝術博物館

人馬座

人馬座（Sagittarius）是一個南天黃道帶的星座，座內肉眼可見的恆星有 65 顆，最亮星為人馬座 ε，其視星等為 1.85。每年 7 月 7 日子夜，人馬座中心經過上中天。

人馬座在古希臘被想像為拉弓搭箭的凱隆，箭尖正對著天蠍座這隻大蠍子。中國古代人發現這個星座內的六顆星（μ、λ、φ、σ、τ、ζ）也可以組成一個勺子的形狀，所以把它稱為南斗六星。這個勺子最前端的兩顆星（ζ 和 τ）的連線指向牛郎星（天鷹座 α）。

南斗雖然也是各地可見，但因為比北斗星黯淡得多，故而名氣沒有北斗七星那麼響亮。但是，斗柄上的第六星（人馬座 ζ）的名聲卻非常響亮，這就是現代很多小說、電視劇裡經常提到的殺破狼組合中的第一名——七殺星。中國神話中有「北斗主死，南斗主生」的說法，認為南斗六星君就是司命星君。

人馬座經常被人稱為射手座。射手座其實比人馬座更吻合拉丁語的原意。人馬座在拉丁語中被寫為 sagittarius，其中「sagitta」是「箭」的意思，故而 Sagitta 被翻譯為天箭座。尾碼「-rius」是「人」的意思，sagittarius 就是「持箭的人」，故而人馬座常被譯為射手座。相應的，拉丁語中的水是 aqua，aquarius 是「持水的人」，也就被翻譯為了水瓶座。

人馬座的故事源於凱隆，他為人坦率、寬厚，人文修養深厚，重視感情。據說，這也都是人馬座人的好個性。

命喪徒弟之手的師傅 射手座

4

贏得生前身後名

赫拉克勒斯與肯陶洛斯部落的命運糾葛仍然沒有結束。

完成了十二功績之後,赫拉克勒斯終於可以過隨心所欲的自由日子了,他開始為自己的興趣和榮譽四處遊蕩、冒險。但因為曾經發瘋殺死兒子,他已經沒有臉去見自己原來的妻子,所以他想再娶。赫拉克勒斯曾向俄卡利亞(Oechalia)國王歐律托斯(Eurytus)的女兒伊俄勒(Iole)求婚,但卻鬧得不歡而散,最後心懷怨恨地離開了那裡。

之後,他到了卡利敦,那裡有個美麗的公主,名叫德伊阿妮拉(Deianira)。他打敗了德伊阿妮拉的其他追求者,抱得美人歸。

赫拉克勒斯折斷牛角
馬可・馬切蒂／1556—1557年／木板油畫／85cm×75cm／佛羅倫斯舊宮

在希臘神話中,象徵豐饒、富裕的豐饒角一般被認為是哺育了宙斯的母羊的羊角,但也有一種說法認為,豐饒角是由河神歐開諾斯的那隻被赫拉克勒斯折斷的角變化而來。這幅作品就呈現了這種說法:畫中身披獅子皮的赫拉克勒斯用膝蓋牢牢壓住公牛,並折斷了它的一隻角,而他手上的那隻斷角裡卻已經滿是瓜果穀物。穀物女神守在他旁邊,正在接過這隻象徵著豐收、富裕的牛角。

赫拉克勒斯戰勝歐開諾斯

尼古拉斯・伯廷／
1715—1730 年／
布面油畫／
104.9cm×137.1cm／
華沙波蘭國家博物館

歐開諾俄斯（Achelous）是德伊阿妮拉的另一位追求者，他是大地女神蓋亞和大洋河流之神歐開諾斯的兒子。他大概算是希臘神話中的「牛魔王」了：不僅生了許多海妖，急起來還可以變身為公牛。他和赫拉克勒斯爭奪德伊阿妮拉時，就在搏鬥時化身為一頭公牛。雖然如此，但還是被赫拉克勒斯打敗，還被赫拉克勒斯折斷了一隻角。這次失敗之後，他躲進了一條河。那條河就是以他的名字命名的歐開諾斯河，是希臘境內最長的河流。他的形象很常見，許多歐洲噴泉都雕著個長鬍子老人的頭像，那就是歐開諾斯。

一次，赫拉克勒斯帶著他新婚妻子來到一條河邊。這條河又寬又深。這點水對赫拉克勒斯當然構不成任何威脅，他輕鬆地就蹚著水過了河，但是德伊阿妮拉只是普通少女，根本過不去。這時，赫拉克勒斯看見一個半人半馬的肯陶洛斯就在河邊，於是請他幫忙將自己的妻子背過去。這個肯陶洛斯名叫涅索斯。涅索斯看看美麗的德伊阿妮拉，立刻答應了，讓她坐在自己背上，載著她向對岸走去。到了河中央，涅索斯看著自己背上的美麗女子，竟色令智昏地起了歹念，想要搶走她。

命喪徒弟之手的師傅　射手座

德伊阿妮拉
居斯塔夫・莫羅／1872—1873 年／木板油畫／55.1cm×45.4cm ／洛杉磯保羅・蓋蒂藝術中心

委羅內塞所屬的威尼斯畫派是文藝復興時期非常注重色彩的畫派。他喜歡在深色的底上作畫，再用明亮的白色或將色調提亮到奪目顯眼的程度，最後用灰色或綠土的混合油彩來產生各種明暗層次，讓整個畫面呈現出物體的亮部、中間色調和暗部三個區域。這部作品就是如此，純淨的天空、茂密的叢林與畫中的人體形成了豐富的層次關係。

赫拉克勒斯、德伊阿妮拉和涅索斯
保羅・委羅內塞／1586年／布面油畫／68.4cm×53.4cm／維也納藝術史博物館

德伊阿妮拉一看情況不對，急忙大聲向丈夫呼救。當岸邊的赫拉克勒斯發現後，火冒三丈，立刻抽出弓箭，一箭射中了河中央的涅索斯。再次提醒：赫拉克勒斯的箭不是普通的箭，那是沾過九頭蛇毒血的，連天神凱隆都無力抵抗。

　　涅索斯立刻就感受到了毒箭的燒灼，知道自己難逃一死。但他不甘心，就算是死也要為自己報仇。涅索斯撐著最後一口氣，忍著巨大的痛苦，彷彿很善意地給德伊阿妮拉提了個建議。他告訴她自己的血有神奇的力量，可以讓移情別戀的丈夫回心轉意，讓德伊阿妮拉悄悄保留一小瓶自己的血以備不時之需。

　　德伊阿妮拉半信半疑，但是因為赫拉克勒斯過往的情史可以說是惡名遠播，德伊阿妮拉覺得還是寧可信其有，不可信其無，就真的偷偷保存了一小瓶涅索斯的血。

　　殺死人馬涅索斯之後，赫拉克勒斯夫婦來到色雷斯，受到當地國王的熱情接待。赫拉克勒斯把妻子安置在王宮之後，自己就

涅索斯和德伊阿妮拉
魯本斯工作室／1577—1640 年／
布面油畫／82cm×63.5cm／
聖彼德堡艾爾米塔什博物館

　　這幅畫中的涅索斯已經中箭，卻彷彿在對德伊阿妮拉耳語著什麼，而德伊阿妮拉則若有所思地看著畫外的方向。這正是涅索斯臨終前誘惑德伊阿妮拉保存毒血的情景。

赫拉克勒斯、德伊阿妮拉和涅索斯
巴爾托洛梅奧・斯普朗格／1580—1585 年／布面油畫／112cm×82cm／維也納藝術史博物館

畫中赫拉克勒斯、德伊阿妮拉和涅索斯三個人物的膚色形成了鮮明的三個層次：赫拉克勒斯健康的小麥色、涅索斯屬於死屍的青灰色和德伊阿妮拉白皙的象牙色。包裹著已經倒在地上的德伊阿妮拉的一抹亮紅色更讓她的膚色顯得白皙幼嫩。膚色也體現出畫家對誰才是真正「官配」的認同。畫中赫拉克勒斯深情款款地抱著愛妻，反倒是上角的小愛神手持弓箭，怒瞪著涅索斯，涅索斯反而像是被他射死的一樣。

原路返回去征伐俄卡利亞，以報歐律托斯不肯把女兒嫁給自己的羞辱。很快，他征服了俄卡利亞，殺死了歐律托斯，還把美麗的伊俄勒給擄了回來。戰爭結束後，他讓人先帶著伊俄勒和其他戰利品回去向德伊阿妮拉報平安，自己準備祭祀完宙斯之後再回色雷斯和妻子團聚。

等德伊阿妮拉見到了那個伊俄勒，又從其他人那裡得知這美女還是赫拉克勒斯追求過的人時，頓時就慌了。她猜赫拉克勒斯一定是對伊俄勒舊情復燃了，回來就會拋棄自己。這該怎麼辦？

就在這個時候，她想起了人馬涅索斯給她的那份珍貴的禮物。她連忙拿出一件內衣，塗上涅索斯的血，再把內衣交給報信的人，請他給赫拉克勒斯帶回去，還說是自己親手做的，讓赫拉克勒斯在祭祀宙斯時穿上。

赫拉克勒斯看見這件衣服，彷彿看見了妻子的一番濃情蜜意，沒有任何懷疑，高高興興穿上了。可是一穿上衣服，他感覺像是掉進了炭爐

德伊阿妮拉把沾有毒血的襯衣交給赫拉克勒斯的朋友
諾埃爾・尼古拉・夸佩爾／1688—1699 年／布面油畫／108.2cm×172cm／凡爾賽博物館

裡，渾身被灼烤得痛苦難受。他想脫下卻無論怎麼努力都脫不掉。直到這時，他才發現這件衣服被動了手腳，上面有毒液。

這是九頭蛇的毒液——他用毒箭殺死了涅索斯，涅索斯的血中融入了九頭蛇的毒，也成了毒血。現在，毒血從內衣滲進自己的體內，從某種程度上說，這簡直就是九頭蛇和涅索斯在共同向他報仇。

赫拉克勒斯不知道這是怎麼回事，還以為是帶來衣服的那位朋友下的毒手，憤怒地殺死了朋友。他忍著劇痛匆匆回到色雷斯的家中，一打開自家的房門，卻發現妻子已經自殺身亡。

原來，德伊阿妮拉給衣服塗毒血時，不小心有一滴血落了出來，落在了地上。第二天，清晨的陽光照進房間，照到了那滴血上，那滴血頓時就化成了一團小火苗燃燒了起來。看到這一幕，德伊阿妮拉大吃一驚，立刻意識到自己犯了大錯，這血一定是有劇毒的，而她已經讓人把衣服帶給了自己的丈夫。德伊阿妮拉追悔莫及，但也知道大錯已經鑄成無法挽回，便羞愧地自殺了。

赫拉克勒斯不知道妻子為什麼要這麼做，但知道一定是人馬涅索斯的陰謀。雖然已經真相大白，但什麼都來不及了，大英雄赫拉克勒斯就這麼莫名其妙地死在了妻子的妒忌和涅索斯的算計上，也可以算是死在九頭蛇的報復上。

德伊阿妮拉
伊芙琳·德·摩根／1878 年／布面油畫／私人收藏

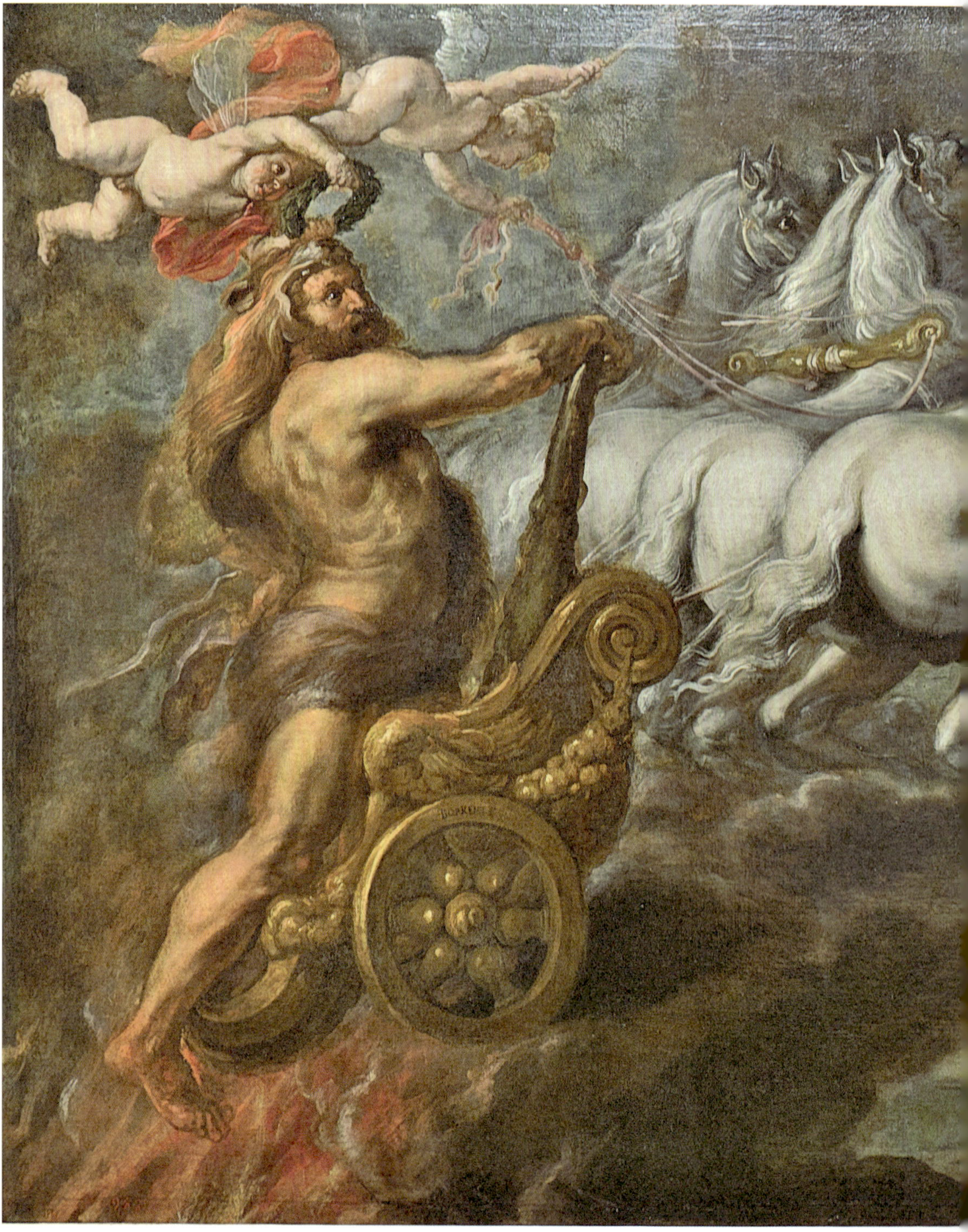

關於德伊阿妮拉之死，還有另一種說法：赫拉克勒斯中毒後，他的兒子許羅斯（Hyllus）憤怒地衝回王宮質問母親為什麼要毒害父親。德伊阿妮拉這才知道自己誤會了丈夫，原來那個伊俄勒根本不是赫拉克勒斯自己要娶的，而是準備讓兒子許羅斯娶的。知道真相的德伊阿妮拉悲痛欲絕地自殺了。許羅斯回去把事情的真相告訴了赫拉克勒斯，此時赫拉克勒斯尚未死去，他聽到全部真相之後，讓人將自己抬到俄塔山（Oeta）上，在那裡架起了木柴，然後躺在了柴堆上並下令點火。但他身邊的所有人都下不了手，赫拉克勒斯再三懇求朋友們幫忙。最後，他的朋友菲羅克忒忒斯（Philoctetes）忍痛點燃了火。赫拉克勒斯為了感謝他，後來還把自己的弓箭送給了他——就因為這套弓箭，菲羅克忒忒斯又重回特洛伊之戰（故事詳見《諸神的戰爭》）。至於赫拉克勒斯自己，死後則被宙斯封為武仙座，升上了奧林匹斯山。經過幾番折騰，肯陶洛斯部落也全體滅亡了，這個犯下過無數過錯的部族後來就成為半人馬座。

　　赫拉克勒斯的一生充滿了格鬥、戰爭、打怪、奪寶、收後宮、孕育許多孩子，最後卻能成神，這分明是現代網路文學中男性向小說的主流情節。可見，3000多年來，人類內心的渴求、男性的憧憬和崇拜是完全一樣的。

　　他有個更為人熟知的名字——大力神。

赫拉克勒斯成神
簡・巴蒂斯特・博雷肯斯（模仿魯本斯）／1636－1638年／布面油畫／189cm×212cm／西班牙拉科魯尼亞美術館

赫拉克勒斯成神

諾埃爾・尼古拉・夸佩爾／1700 年／布面油畫／98cm×80cm／蘇富比拍賣行

這幅作品中的赫拉克勒斯駕駛著馬車，在神使荷米斯的引導下升上奧林匹斯山，眾神們正在山頂設宴歡迎他的到來。英雄成神，他的故事卻還沒有徹底結束：黃道帶上還有一個星座的產生與他的升天、成神緊密相關。

半人馬座

半人馬座（Centaurus）大概是中國科幻迷們最熟悉的星座了，劉慈欣的小說《三體》中，那顆距離地球 4.2 光年的三體星就位於半人馬座，它是距離地球最近的一個星座。但是，半人馬座在中國廣大北方地區都看不到，只有北緯 30 度（長沙—南昌—寧波一線）以南的地區才能在春天的晚上看見。越往南的地區，半人馬座的位置越高。在這些地方辨認半人馬座很容易，因為這個星座非常明亮。座內最亮的半人馬座 α 是全天第三亮的亮星，它在中國古代被稱為南門二。南門二的附近還有一顆亮星（半人馬座 ε），是全天第十一亮的亮星，這兩顆星星被中國古代稱為南門雙星。鄭和下西洋時就曾用它們來指引方向。

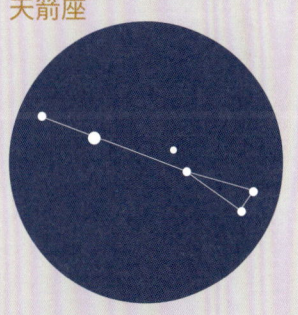

天箭座

天箭座（Sagitta）是全天第三小的星座。這是一個只有北極熊才能看得完整的星座，也是一個企鵝看不見的星座。只有在北緯 69 度以北的廣大地區才可以看到完整的天箭座，而在南緯 74 度以南的地區完全看不到它。天箭座中幾個星星排列的形狀像一支飛行的箭，箭身與牛郎星方向正好垂直。它的最佳觀測月份為 8 月。

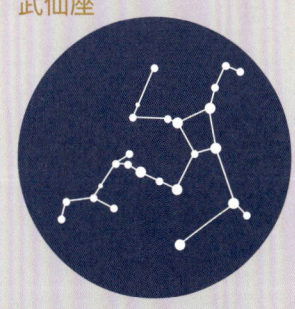

武仙座

武仙座（Hercules）是北天星座，位於天龍座之南、天琴座和北冕座之間。它是夏季夜晚星空中的一個覆蓋面積較大的星座，其最佳觀測月份為 7 月。這些群星構成了一個右腿半跪，右手高舉著大木棒，左手緊緊地攥著九頭蛇的赫拉克勒斯。有趣的是，這形象在北半球看上去是倒立的，只在南半球才能看到正常的模樣，彷彿赫拉克勒斯上天成神之後變謙虛了。

命喪徒弟之手的師傅　射手座

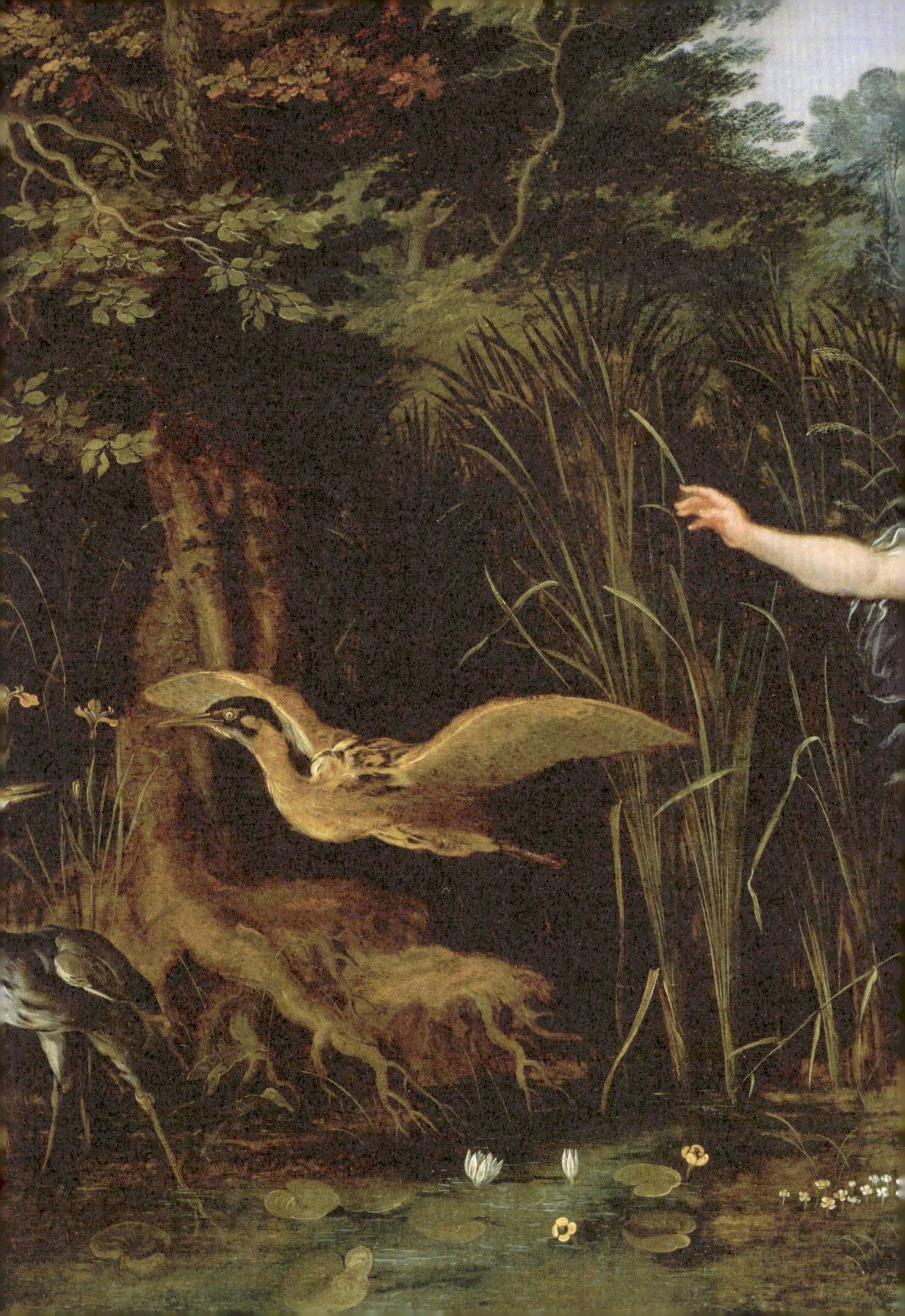

Chapter 8
牧神潘與愛神邱比特
摩羯座與雙魚座
Capricornus & Pisces

1

時而母慈子孝，時而雞飛狗跳

摩羯座和雙魚座的由來，源於同一個天界重大事件。

一天，眾神在一個湖泊邊辦宴會，宴會中有宙斯、雅典娜這些主神，也有一些為眾神吹拉彈唱的寧芙們。眾神在美酒、音樂中一片怡然自得，渾然不覺危險正在悄悄臨近。

就在大家最放鬆之際，怪獸堤豐忽然衝進了這歡騰的宴會中。

這位堤豐可非同小可，他是大地之母蓋亞的小兒子，算起來還是宙斯的叔叔，但他還有個更著名的稱號——眾妖之祖。被赫拉克勒斯殺死的九頭蛇、尼密阿雄獅，看守金蘋果的百頭巨龍，看守地獄的三頭犬克爾柏洛斯，折磨普羅米修斯的高加索神鷹都是他的子女。

甚至，宙斯有一次與他對戰，居然都落敗了。不僅如此，這位眾神之王還被堤豐抽了腳筋關在山洞裡，最後還是神偷荷米斯悄悄偷出了那條腳筋，把宙斯救了出來。當時堤豐發現自己被騙，恨得直向宙斯叫陣，揚言要打敗宙斯、娶赫拉為妻，解放塔爾塔羅斯的眾位泰坦，把天地重新融合在一起歸入混沌。這簡直就是要毀天滅地啊！宙斯逃出來後認真準備，重新披掛上陣，最後經過一番苦戰才把它壓在西西里島的愛特納山（Etna）下。

沒想到，堤豐這時已經悄悄地跑了出來，而且聽到眾神的歡宴聲，還闖到了宴會上。看到堤豐突然出現，眾神都傻住了。

宙斯大戰堤豐
西元前540—前530年／
古希臘陶瓶畫／高46cm／
慕尼黑州立文物博物館

　　連宙斯和雅典娜也嚇得丟了魂，彷彿完全忘了自己的能力，竟然沒衝上去與怪獸戰鬥，反倒轉頭就逃。有他們帶頭，其他眾神也都有樣學樣，沒有一個人挺身而出，反倒紛紛潰逃。甚至嫌棄人類的兩條腿逃得不夠快，紛紛變作各種動物四散奔逃：宙斯變成了鷹，赫拉變成了母牛，阿波羅化為烏鴉，阿特蜜斯變為貓，他們的母親勒托變成了老鼠，荷米斯變為朱鷺，阿瑞斯變為魚，戴奧尼索斯變為山羊，赫費斯托斯變成了公牛，就連大力神赫拉克勒斯也變成了小鹿，眾神通通嚇得往埃及方向逃竄。

　　這些武力超群的眾神都跑了，更何況愛和美之神阿芙蘿黛蒂？她一看情形不對，立刻就化作一條魚，跳進幼發拉底河裡遊遠了。游著游著，她發現自己好像忘了點什麼：糟糕！光顧著自己逃跑了，忘記了寶貝兒子！這一發現非同小可，阿芙蘿黛蒂趕緊遊回來，找到小愛神艾若斯，把他也變成了一條魚。母子倆一起逃命去了。

　　為什麼阿芙蘿黛蒂遇到危險的第一反應不是保護兒子，而是丟下兒子自己獨自逃生？這對母子的關係到底怎麼了？

牧神潘與愛神邱比特　摩羯座與雙魚座

249

憤怒的老媽與欠打的熊孩子

維納斯責打丘比特
揚‧凡‧彼基勒特／1628 年／布面油畫／127.6cm×146.1cm／休士頓藝術博物館

人間的母愛不是最偉大無私嗎？有阿芙蘿黛蒂這麼當媽的嗎？在希臘神話中，這對母子的關係也真是不可說……，例如，一般人生活中也有媽媽打兒子的，可是看看西方藝術作品中阿芙蘿黛蒂（對應羅馬名為維納斯）如何教訓艾若斯（對應羅馬名為丘比特），還真是讓人背脊涼颼颼的。例如，跩住頭髮，用樹枝抽，弟弟在邊上看了都頭皮發麻……。

維納斯責打丘比特
讓-馬克・納蒂埃／1717年／布面油畫／
80cm×68cm／私人收藏

維納斯責打丘比特
弗朗索瓦・路易・約瑟夫・華托／1760年／
木板油畫／26.8cm×23.1cm／法國鮑斯博物館

用 玫瑰花打！（聽上去美麗，可是想想玫瑰花上的刺，一想就疼）

維納斯剪掉丘比特的翅膀
夏爾・勒布倫／1655年／
布面油畫／116.2cm×104.2cm／
波多黎各龐塞藝術博物館

甚 至剪翅膀！（這個屬於「殘害」了，丘比特簡直應該「報警」）

牧神潘與愛神邱比特
摩羯座與雙魚座

251

大概正是因為那時好時壞的母子關係，阿芙蘿黛蒂在第一時間只顧自己、忘了兒子，等想起來之後卻又冒著危險回去找兒子，後又怕兒子跟不上自己（也有可能是怕自己再次忘記兒子），她乾脆變了根繩子出來，把艾若斯變成的那條小魚緊緊拴在自己身邊。

　　後來，宙斯把阿芙蘿黛蒂變成的魚升上天空，成為南魚座，又把她和小愛神變成的兩條魚升為了雙魚座。

維納斯和丘比特的寓言
布隆齊諾／1545 年／木板油畫／146.1cm×116.2cm ／倫敦英國國家美術館

但有的時候，這母子倆又曖昧得不像母子。

　　右圖有點詭異。畫中除了關係曖昧的維納斯與丘比特之外，還有很多象徵形象：畫面最上方的老人是時間之神，左側與時間之神相對的男子頭戴桂冠是古羅馬詩人維吉爾，丘比特身後暗影中痛苦的男人是維納斯的丈夫火神霍爾坎（對應的希臘名為赫費斯托斯）。丘比特腳下有隻白鴿，維納斯腳邊有個面具。他們象徵什麼？維吉爾象徵詩意的美，霍爾坎象徵嫉妒，白鴿象徵純潔的靈性，面具象徵虛偽。維納斯身後的小男孩是她的另一個兒子，象徵情慾的安特洛斯（Anteros）；安特洛斯旁邊那個少女，仔細看她盤踞著蛇的身體，那不是普通少女，而是希臘神話中的拉米亞（Lamiae），她專門吞食兒童，象徵貪欲。

這幅寓意畫自誕生之日起，其名稱與寓意就一直被人爭議不休。就算西格蒙德・佛洛伊德尚未出生，人們也能輕易看出母子間的色情意味。但關鍵不是畫家表現了什麼現象，而是要藉由那些象徵表達什麼態度。

情慾為他們播撒花瓣，吞食兒童者卻也準備好了蜜糖；純潔的靈性被踩在腳下，虛偽卻也被拋在一旁。

時間與美針鋒相對，誰能最終解釋這對奇特的母子？

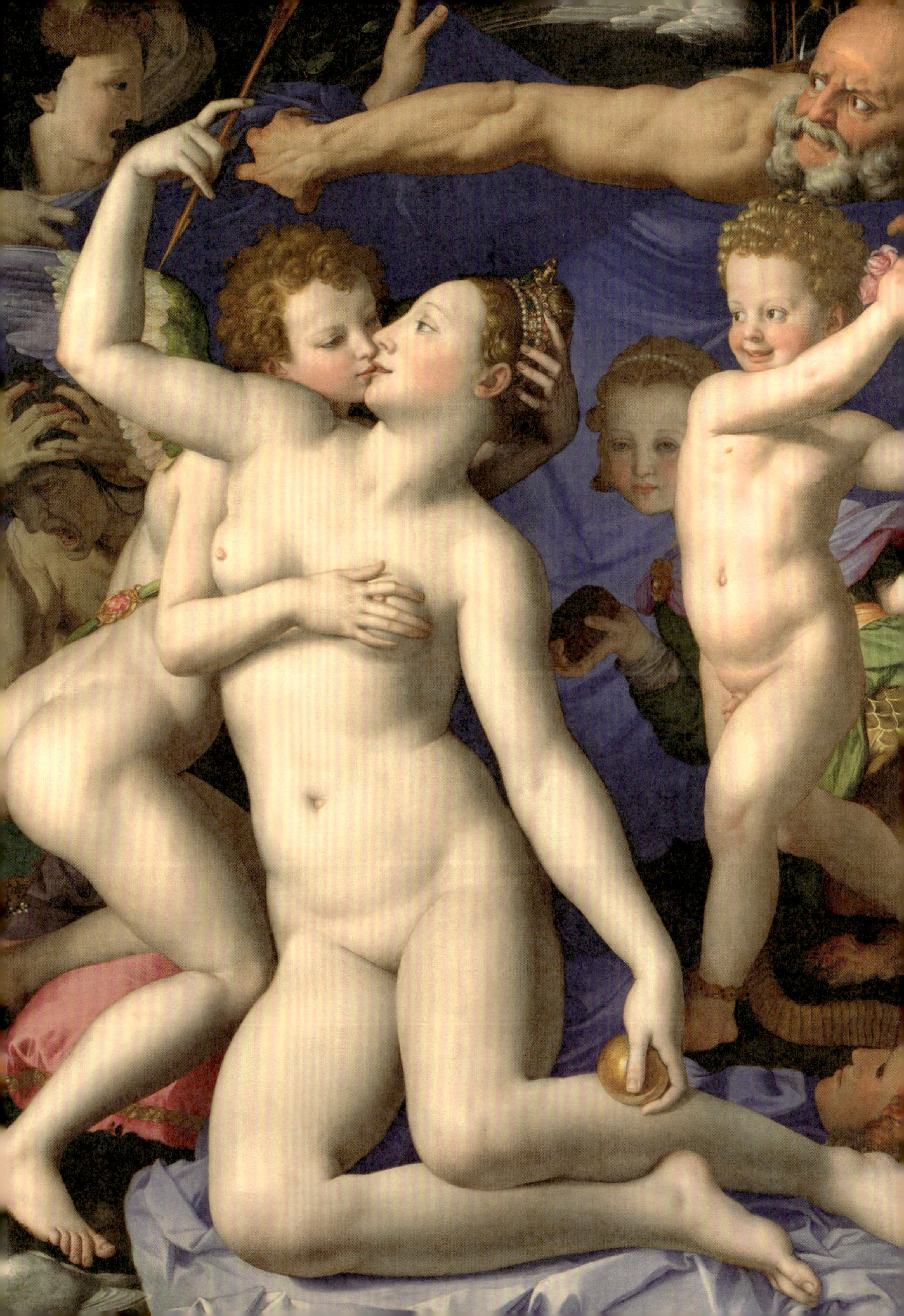

南魚座

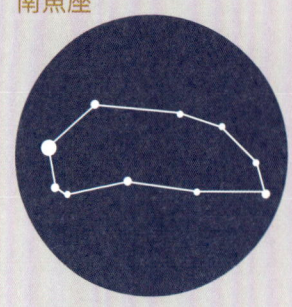

南魚座（Piscis Australis）是中國全境可見的南天星座。每年 8 月 25 日子夜，南魚座的中心經過上中天。座內最亮的星為南魚座 α，它在中國被稱為北落師門，是全天第十八亮星，也是秋季南天最亮的一顆星，在秋季的夜空中明亮而又孤獨。如果北半球的人晚上 8、9 點鐘在東方地平線附近看到了它，那就意味著涼爽的秋天已經來臨了。由北落師門向西有六七顆較暗的星，它們共同組成一條魚的形狀。

北落師門與此前介紹過的畢宿五（金牛座 α）、軒轅十四（獅子座 α）和心宿二（天蠍座 α），被合稱為四大王星，這四大亮星每個季節一顆。大約西元前 3000 年，古代中國人就用這四顆星來當基本的季節曆法：畢宿五對應春分，軒轅十四對應夏至，心宿二對應秋分，北落師門對應冬至。

雙魚座

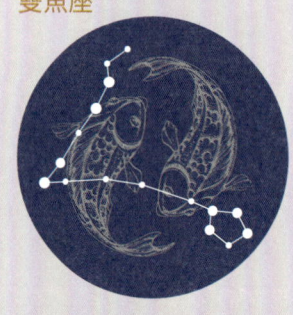

雙魚座座內肉眼可見的恆星有五十顆，最亮的為雙魚座 η，其視星等為 3.62。而且最容易辨認的是兩個雙魚座小環：一個緊貼在飛馬座的南面，一個在飛馬座的東面。雙魚座可以被想像為兩條魚，一條位於秋季四邊形正南，是「西魚」；一條位於秋季四邊形中飛馬座 β 和仙女座 α 向東的延長線上，是「北魚」。而位於兩條魚之間的，以雙魚座 α 為頂點的星星形成了一個 V 字形，那是拴住這兩條魚的「繩子」。

據說，雙魚座的人浪漫而富於幻想，這還真是愛神阿芙蘿黛蒂的特點。但小愛神身上的孩子氣、依賴性強、任性不切實際等弱點，也是雙魚座需要警醒、戒絕的。

2

沒有對比就沒有傷害

同樣在這場宴會上,並不是所有的神都像阿芙蘿黛蒂那樣連兒子都不管只顧自己逃命,也有一個平時默默無聞的神做了出乎意料的舉動。

他就是神界中以醜陋著稱的牧神——潘(Pan)。

潘的身世是一個謎,關於他的父母有好幾種說法。比較通行的是《荷馬史詩》裡的說法,他是荷米斯與一個名叫潘娜洛比(Penelope,與奧德修斯的妻子同名,但不是同一個人)的仙女的兒子。但是,潘一生下來就長相奇特,上半身是人,下半身卻長著山羊的腿腳,全身還長滿了長毛,這樣子已經不是「醜」字能形容的了,簡直是嚇人。他是真的嚇人,以至於親生母親潘娜洛比看到這孩子的模樣之後嚇得連奶都沒餵就跑了。

長大後的潘一點也沒變漂亮,可是「野百合也有春天」,難道長得醜就沒有追求愛情的權利了嗎?在眾神的歡宴上,就有一位潘心儀已久的仙女,她在宴會中演奏豎琴。

潘神頭像
138—192年／馬賽克鑲嵌畫／
羅馬國家博物館馬西莫宮

牧神潘與愛神邱比特
摩羯座與雙魚座

當堤豐突然闖入宴會時，這個美麗的仙女彷彿嚇傻了，居然連逃都忘了，呆呆地愣在那裡不能動彈。眼看著自己暗戀的女神將被怪物傷害，潘明明沒什麼作戰能力，卻不知道從哪裡冒出了一股力量，一把抱起仙女就逃。

堤豐堵在前面，他能往哪裡逃呢？潘的面前只有那片湖水，可是那是神界的禁地。眾神都知道，這片湖水是被詛咒過的：只要踏進河水一步就會變成魚，而且永遠也恢復不了自己的模樣。

潘明明知道這片湖水的禁忌，可是他這時沒有別的辦法了，除了這片湖水，再也沒什麼地方能讓潘和他心愛的女神躲避凶惡的堤豐。為了心愛的女神，他舉起心愛的女神，毅然走進了那片湖水，站在湖泊的中央，像最高大的天神一樣把仙女舉得高高的，讓仙女的裙子邊都沒沾上被詛咒的湖水。這可真是「沒有對比就沒有傷害」。危險來臨時，阿芙蘿黛蒂第一反應是扔下兒子逃命，而潘卻是寧願犧牲自己也要拯救心愛的女神！

堤豐明明看見了潘，可知道那片湖水的厲害，沒有辦法只好放棄，折轉回去。等堤豐離開以後，潘才小心翼翼地挪到岸邊，放下仙女。仙女十分感激，想把潘拉上來，卻發現已經拉不動了，再仔細一看，潘的下半身已經變成了魚！以前，潘是半人半羊的形象，這回他成了半羊半魚的模樣。

面對這樣的潘，眾神都有些羞愧，他們都比潘力量強大，可是當真正強敵突然降臨時，大家下意識地四散奔逃，反倒是這個面目恐怖的潘挺身而出拯救弱小，還為此做出了巨大的自我犧牲。

宙斯很想幫潘恢復原形，就將他這新形象升上了天空，以此來表達對潘的敬佩。這個半魚半羊的形象就是天空中的摩羯座。

維納斯、丘比特與潘

喬凡尼・比利沃特／1630—1633 年／銅板油畫／45.7cm×33cm／私人收藏

這幅作品大概是這個故事裡所有人心中的理想：兩位愛神母慈子孝，小愛神甚至在幫母親洗腳，醜陋的潘在一旁靜靜地觀看，彷彿受到了兩位愛神的眷顧。如果他真的能夠與兩位愛神如此親密、得到他們的幫助，那麼他就一定能夠得到自己想要的愛情。可惜，這一幕只是他們的理想，他們中的任何一個都沒有享受過這樣的安寧時刻。

摩羯座

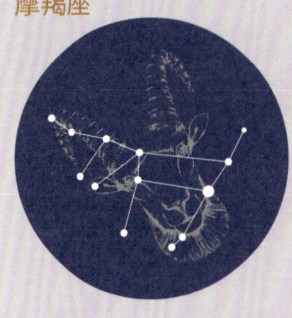

摩羯座雖是個南天星座，但中國全國可見。在8、9月份的南方天空中，從織女星方向向牛郎星延伸約一倍的距離，可以看到兩顆3等星，這就是摩羯的頭部。再從這裡向東把分散的暗星連起來，組成一個大致的倒三角形，就是摩羯座。這個星座輪廓很清楚，但星座內沒有亮星，最亮的視星等也只有2.81，像潘神一樣不受人重視。

摩羯座又經常被人稱作山羊座。這是一種誤會。「摩羯」這個詞來自印度，它是印度神話中水神的坐騎，頭像羚羊，而身體與尾部像魚。隨著佛教的傳入，摩羯這個形象早在隋代就出現在中國的雕刻中，又稱摩伽羅或摩羯魚。恰巧，希臘神話中的潘神也變身成了半羊半魚的怪物，它就被順理成章地翻譯成了摩羯座。

佛教中有「摩羯以肉濟人」的說法，指菩薩以愛念縛住眾生，不到圓滿成佛終不放棄。恰巧，希臘神話中摩羯座的魚尾巴也是潘神在困境中堅守、勇於自我犧牲的證明。

潘神在希臘神話故事裡有時候魯莽放蕩，有時候又細膩堅韌，兩種截然不同的性格都沉澱在他的心中。事實上，潘神的內心細膩敏感，關鍵時候能夠挺身而出，平時看起來悶悶的卻蘊含著豐富的情感。很多人說，這也是摩羯座人的性格：也許很少表露情感，但是關鍵時候能夠執著地追尋理想。正是由於這種性格，潘神的故事對後來的藝術發展產生了很大影響。

3

愛要如何說出口

　　如果把這情節放在現代的電視劇裡，女主角和觀眾會愛上潘這樣的人嗎？一方面，他為了愛情勇敢、無私，不惜自我犧牲；另一方面，他醜陋、平凡，不善自我表達。這樣的人被放在偶像劇裡，大概只能被發一張「好人卡」，很難獲得女主角的芳心。

　　遺憾的是，古希臘人是崇拜美的，所以希臘神話也基本秉持偶像劇「顏值即正義」的原則。這就讓潘追求愛情的人生道路充斥著拭不盡的辛酸淚。

　　潘是掌管山林、畜牧的牧神。這位牧神盡職盡責，整日在山林裡、草原上遊蕩。這讓他能更大程度地保留天然、純真的自由心性，不沾染與文明伴生的虛偽、做作，可以讓他無拘無束地發展自己的天性。

　　希臘中部有很多山林，那裡生活著一群自由自在的快樂仙女，潘經常在山林中遇見她們，時間長了就和她們熟悉了，也常和她們在一起嬉戲。逐漸地，他發現這群仙女中有一位特別可愛，她的名字叫席琳克絲（Syrinx）。

　　潘在自然中由著本性長大，從來沒有學習過在文明社會中該如何表達情感，更不懂陪伴、照顧、體貼、保護之類的偶像劇橋段。他的愛雖然沒有錯，可是他表達愛的方式卻非常直接：追上去生撲。

牧神潘與愛神邱比特　摩羯座與雙魚座

潘與席琳克絲
老揚・勃魯蓋爾與
彼得・保羅・魯本斯／
17世紀上半葉／
木板油畫／
51.4cm×85.6cm／
德國什未林國立博物館

　　喜歡上人家二話不說就直接去搶的霸道總裁式做法，只有在網路小說、偶像劇的世界裡才能奏效。事實上，連阿波羅那樣的帥哥二話不說直接就追都能把美女嚇跑，更何況潘這個都能把自己母親嚇跑的「怪物」？當一個毛茸茸、半人半羊的怪物冷不防衝上來追逐、搶奪自己的時候，席琳克絲會怎樣想、怎樣做？

人們在這幅畫作中看到了什麼？一個驚慌失措的美女與她身後野性十足的怪物，美與醜的對比如此激烈。畫家們把這一幕發生的場景放置在恬靜的郊外，藍天綠草，密林鮮花，清冷的色調襯托了環境的靜謐和諧。在這樣的環境中，仙女身上跳動的紅色成為視覺絕對的中心，也打破了畫面原本和諧的氣氛。這簡直就是再現了神話故事中席琳克絲面對突然撲出來的潘神時的心態。

牧神潘與愛神邱比特
摩羯座與雙魚座

潘與席琳克絲

吉恩－弗朗索瓦·德·特洛伊／1722—1724 年／布面油畫／74.3 cm×92.1 cm／洛杉磯保羅·蓋蒂藝術中心

也許因為潘長相醜陋，很多畫家內心也是愛美的，所以經常把他追求席琳克絲這一幕表現得非常醜陋。例如，在前頁魯本斯的作品中，潘不僅形象又老又醜，而且姿態凶狠、表情猙獰，甚至笑容裡還有一些淫邪，讓人一看就本能地拒絕這一追求。在繪畫史上，甚至還有畫家讓潘神在追求仙女時乾脆亮出了刀，表現了強烈的主觀情感。可是仔細想想，這是不是一種「顏值正義」的陷阱呢？100 年後的德·特洛伊給人們展現了潘神的另外一種形象。他依然半人半羊，長相不美，可是他的神情卻溫柔而熾烈，看向席琳克絲的眼神專注深情，與普通人並無差別。在這種情況下，潘還是無法得到愛的回應，人們是不是該再深刻思考一下呢？

當然是逃！席琳克絲恐懼地拔腿就逃。潘不明白自己的追求出了什麼問題，看到心愛的席琳克絲快速奔逃，他竟然情不自禁地也加快了奔跑的速度，跟在她的後面緊追不放。

　　一個越逃越快，一個越追越急。席琳克絲只想儘快擺脫潘，沒留心自己的路徑，一轉眼發現跑到了一個大湖的湖邊，眼前已經沒有路了。席琳克絲想到身後那追逐者的模樣，更緊張了：無論如何她也不願意被那樣的怪物追到。情急之下，席琳克絲向大地之母求助。

　　轉眼之間，美女席琳克絲不見了，湖岸邊只多了一叢正在迎風搖曳的蘆葦。潘呆呆地看著這叢蘆葦，他知道自己重演了阿波羅的悲劇。只是這一回沒有小愛神的捉弄，而是這個美女寧可變成一叢沒有生命的蘆葦，也不願意和他在一起。

　　面對隨風搖曳的蘆葦，潘放聲慟哭。擦乾眼淚之後，他折了一支蘆管吹奏起來。這種樂器聲音像席琳克絲那樣溫柔婉約，又像潘的愛情那樣帶著些淡淡的傷感憂鬱，還有著山林水澤的恬靜曠達，成為潘神的摯愛。這就是東西方都很常見的樂器──蘆笛（或稱蘆管）。

　　這蘆笛在希臘神話故事中也扮演過重要角色。潘發明蘆笛之後把它送給了自己的父親荷米斯。後來，荷米斯奉宙斯之命去解救被變成小母牛的少女伊娥（Io），就是給看管母牛的百眼巨人吹蘆笛，一直吹到百眼巨人昏昏沉沉，把100隻眼睛都閉了起來，這才完成了任務（故事詳見《希臘眾神的天空》）。

　　關於潘神的蘆笛，還有一種說法是他將不同長短的蘆笛綁在一起吹奏，這就是現在也非常流行的樂器排簫，也叫潘神簫。

　　從此，無論是午後還是黃昏，每當潘思念愛人、心思鬱結之際，就會吹起排簫，借悠悠樂聲表達自己那無望的愛情。

蘆葦叢中的潘
阿諾德・勃克林／1856 — 1857 年／布面油畫／136cm×99.5cm／瑞士溫特圖爾美術館

阿諾德・勃克林是 19 世紀瑞士象徵主義畫家，這幅作品著重表現的不是潘神的神情樣貌，而是他的孤獨和憂鬱。畫家選擇了描繪黃昏時的場景，暖黃的太陽光照射進蘆葦叢，打亮了地上的蟾蜍，可是潘卻隱沒在陰影中。這幅畫由暗綠色構成了大面積陰影，黃色與深綠色的對比、明亮溫暖與幽深陰暗的對比，渲染出了潘神內心的憂鬱。

潘與達佛涅斯
西元 2 世紀／大理石雕像／
羅馬國家博物館阿爾騰普斯宮

這是羅馬時期仿製的古希臘西元前 2 世紀的雕像，雕像中小夥子手上拿著的就是排簫，潘神正在教這個名叫達佛涅斯（Daphnis）的凡人少年吹奏。在希臘神話中，排簫以及牧歌就是潘神經由達佛涅斯流傳到人間的。

4

感性與理性的較量

潘神的初戀故事像極了阿波羅與達芙妮（Daphne）。恰巧，阿波羅也正是希臘神話中音樂之神，他最擅長的是演奏豎琴。那麼，阿波羅的豎琴和潘神的排簫到底哪個更優美呢？

神界為此展開了一次音樂比賽，讓阿波羅和潘進行了一場樂器比賽，他們還請來了山神特摩羅斯（Tmolus）做裁判。

阿波羅和潘的競賽
亨德里克・德・克爾克／1600—1615 年／銅板油畫／44cm×62cm／阿姆斯特丹荷蘭國立博物館

這幅畫描繪的就是這場陣容豪華的天界音樂大賽。畫中見證這場比賽的有智慧女神雅典娜、九位繆斯女神，還有其他一些半人半羊的怪物，他們是潘在山林中的夥伴，被統稱為薩提爾（Satyrs）。畫中的阿波羅正在拉小提琴，雅典娜倚在他的身旁彷彿在向他傳授比賽技巧，繆斯女神們也圍繞在他的身旁給他應援，潘手持排簫站在阿波羅的對面。在兩位比賽者中央還有兩個人：其中一個是老者，他正是這次比賽的正式裁判山神特摩羅斯，因為比賽就在特摩羅斯的山坡上進行。特摩羅斯身旁還有一個人，如果仔細看就會發現他的耳朵又尖又長，十分古怪。這個人是弗里吉亞（Phrygia）的國王彌達斯（Midas）。

在《希臘眾神的天空》中講過阿波羅和瑪爾緒阿斯（Marsyas）的音樂比賽，那時阿波羅就充分展露了他的小心眼。這次和潘比賽，他的表現也差不多。

比賽結果是，包括雅典娜、繆斯和特摩羅斯在內的眾人都認為阿波羅的技藝更高超，但彌達斯卻覺得潘的音樂更美妙。阿波羅卻無法容忍彌達斯的判斷，氣憤地當場把彌達斯的兩個耳朵拉成了驢耳朵。

阿波羅和國王彌達斯
西蒙‧弗洛凱／ 1634 年／銅板油畫／ 35.6cm × 52.5cm ／私人收藏

這幅畫中，中間戴頭巾的就是國王彌達斯，他在面對阿波羅說話，可是手卻指著坐在一旁吹奏排簫的潘神，一副指定潘神為優勝者的模樣。難怪，長長的尖耳朵已經從他的頭巾底下鑽了出來。

彌達斯從此以後每天都帶著頭巾，不敢讓人知道自己長了驢耳朵，可是瞞不住他的理髮師。理髮師知道了這個祕密，不敢對別人說，可又被這個祕密憋得難受，有一天實在忍不住，挖了一個山洞對著洞口說：「國王彌達斯長著一對驢耳朵。」沒想到，後來這山洞長出了一叢蘆葦，風一吹蘆葦就發出「國王長著驢耳朵」的聲音，很快這個祕密就盡人皆知了。

這個故事非常著名，它也給文學史上留下了幾個典故：「彌達斯的評判」指外行的評判，「彌達斯的驢耳朵」指掩飾不了的祕密，「彌達斯的理髮師」指多嘴而不善保守祕密的人。現在網路上還有一個詞叫「樹洞」，指的就是悄悄說祕密。

彌達斯式場景
丹尼爾・麥克利斯／1838 年／布面油畫／102.5cm×128cm／英國皇室收藏

　　這幅畫展現的是一個家庭音樂演奏的場景，可家中的幾個女人對小提琴手的表情各具深意。結合一下「彌達斯評判」的寓意，這幅畫的標題給觀者暗示了更多的聯想空間。

為什麼潘神輸了

彌達斯到底有沒有長著一雙聽不懂音樂的「驢耳朵」呢？這個問題值得仔細思索。

藝術欣賞本來就帶有一定的主觀性。蘆管、排簫與豎琴（或小提琴）的音樂風格迥異，不同的人會有不同的欣賞偏好，彌達斯更喜歡排簫本是無可厚非，可為什麼在希臘神話故事中，無論是瑪爾緒阿斯還是潘神，都要敗給阿波羅，甚至連支援排簫的彌達斯都要被懲罰呢？

蘆管這種樂器今天人們依然能夠聽到。它在東晉時傳入中國，古稱篳篥，今天被稱為管子，唐代它以「蘆管」之名經常出現在詩文中。唐詩中有「不知何處吹蘆管，一夜征人盡望鄉」的名句，白居易寫詩「幽咽新蘆管，淒涼古竹枝」。可以想見，這種樂器的音色是蒼涼、憂鬱的。現代的蘆管演奏也證明了一點，音色高亢粗獷，特別擅長演奏滄桑哀婉的曲子。

與這種樂器相對，豎琴的音色明亮精緻、柔和華麗，直到現在仍被人稱頌為最典雅的樂器。

在希臘神話中，阿波羅一直是理性精神的代言人。在他的德爾斐神廟中有兩句箴言為人熟悉，一句是「認識你自己」，另一句就是「凡事勿過度」。這「凡事勿過度」就是在提倡理性、克制，豎琴柔和的音色恰能體現他對理性、均衡、高貴的追求。

而潘神的排簫（或叫潘神簫）卻像潘神一樣，能宣洩人們內心的澎湃的情感。排簫的音色如泣如訴，能讓聽者隨之落淚，但也正因如此，這種樂器完全偏離了理性精神，它像璞玉渾金的潘神一樣，是人類原始欲望的象徵。

如此一來，阿波羅參與的兩次音樂之爭，其內涵也就明顯了：這不僅是豎琴與排簫的音樂之爭，更是阿波羅所代表的理性精神與潘神所代表的原始情感欲望之爭，阿波羅必須勝利，因為他的勝利才意味著理性精神對原始激情的勝利。

古希臘人不喜歡原始欲望與激情，激情令人恐懼，如潘神的求愛行徑那樣充滿了暴力，而這種暴力甚至是帶有毀滅性的。席琳克絲不就毀滅在這種欲望與激情之中了嗎？人們怎麼能繼續放任這種激情，甚至讓能挑動他人激情的樂器獲得勝利？也難怪，阿波羅要一次又用音樂「鎮壓」那些激情的挑戰者。

可是，隨著時代的發展，藝術觀念不斷變化，人們不再把理性、克制、均衡視為藝術的鐵律，甚至反過來認為，這是藝術需要突破的桎梏。這個時候，許多藝術家又重新把眼睛聚焦到了象徵原始天性的潘神身上。

睡著的潘
卡爾・布勒興／1826—1850 年／木板油畫／28.3cm×23.6cm／私人收藏

〈牧神午後〉：引爆藝術界 100 年

1876 年，法國詩人斯特凡・馬拉美發表了一首長詩〈牧神午後〉。

這首詩是法語詩歌中的一部傑作，被譽為「法語文學中無可爭議的最精美的一首詩」。它集象徵、暗示、夢幻之大成，幾乎在發表之初就引起了藝術界的轟動，被視為 19 世紀後期象徵主義文學的代表之作。

象徵主義是 19 世紀中後期流行在歐洲的一個藝術派別，與此前的巴洛克藝術一樣，它影響的不僅是某一個藝術門類，而是一個時代的文學、音樂、美術，甚至舞蹈、建築都受這個流派的藝術理念影響。馬拉美用一首〈牧神午後〉引爆了當時藝術界的一個「蝴蝶效應」，其漣漪至今仍未消散。

這首詩的意象非常斑駁，詩人以牧神潘自問自答的形式，表現他在西西里島的一個炎炎夏日的午後，在似夢似醒之間彷彿看到山中水仙女們的嬉戲。他分不清那些縹緲的身影是真實的，還是自己心中的幻想。詩人的語言朦朧破碎，意境半明半昧，迷離飄忽，表現的是希臘神話中慣見的內容：潘神的愛與夢幻，失敗與嚮往，欲望與自卑，進而暗示出一個道理：這世上只有那無法捕捉的夢才是最純真美好的，才是最理想的境界。

這意象飄忽的詩刺激了音樂家克勞德・德布西的靈感。1892—1894 年，他以這首長詩為靈感之源，創作了〈牧神午後前奏曲〉。德布西在這支曲子中把長笛各個音區的表現力發揮到了極致，將各種樂器進行了多種大膽的組合，創造出了美妙的音響效果。在既明媚又溫柔的音色裡，旋律被切割得破碎迷離，情感也變得捉摸不定。這種音樂既沒有古典主義音樂的嚴謹和優雅，也沒有浪漫主義的激情或哀傷，給人以柔和、閃爍、縹緲的聽覺感受。這種音樂風格與當時美術界推崇的印象主義風格不謀而合。於是，這部〈牧神午後前奏曲〉被公推為第一部印象主義音樂作品，直到現在還經常上演。

這支迷離夢幻的前奏曲，又刺激了當時年輕的俄羅斯芭蕾舞蹈家瓦斯拉夫・尼金斯基的創作。1912 年 5 月 29 日，尼金斯基在巴黎首演了獨幕舞劇〈牧神午後〉。這是尼金斯基作為舞蹈編導的處女作，從此開啟了尼金斯基作為偉大的芭蕾編導者的生涯。尼金斯基直到現在都被人稱作芭蕾男神，可以說是芭蕾史上最偉大的男演員。他的〈牧神午後〉以德布西的音樂為背景，動作極具開創性，這也使得這部芭蕾作品成為現代芭蕾的經典劇碼之一。

2004年,當時最著名的俄羅斯花式滑冰男子單人滑選手葉甫根尼・普魯申科在花式滑冰世錦賽上為世人奉獻了一曲令人驚豔的〈獻給尼金斯基〉。普魯申科是尼金斯基的迷弟,是當時世界著名的「冰王子」,把德布西〈牧神午後〉的音樂旋律和尼金斯基〈牧神午後〉的標誌性動作都融入了自己的比賽動作中,至今都是花式滑冰愛好者心目中不可複製的經典,更是男子花式滑冰藝術水準的巔峰代表作。

潘神雖然不是一個大神,但這麼看來,他倒是被最多藝術門類引入創作的神。因為,當代藝術家們認為,藝術傑作不是從理性克制出來的,優秀的作品恰恰要能呈現出人們內心的欲望與激情。

現代芭蕾〈牧神午後〉中尼金斯基的劇照
阿道夫・德・梅耶攝影

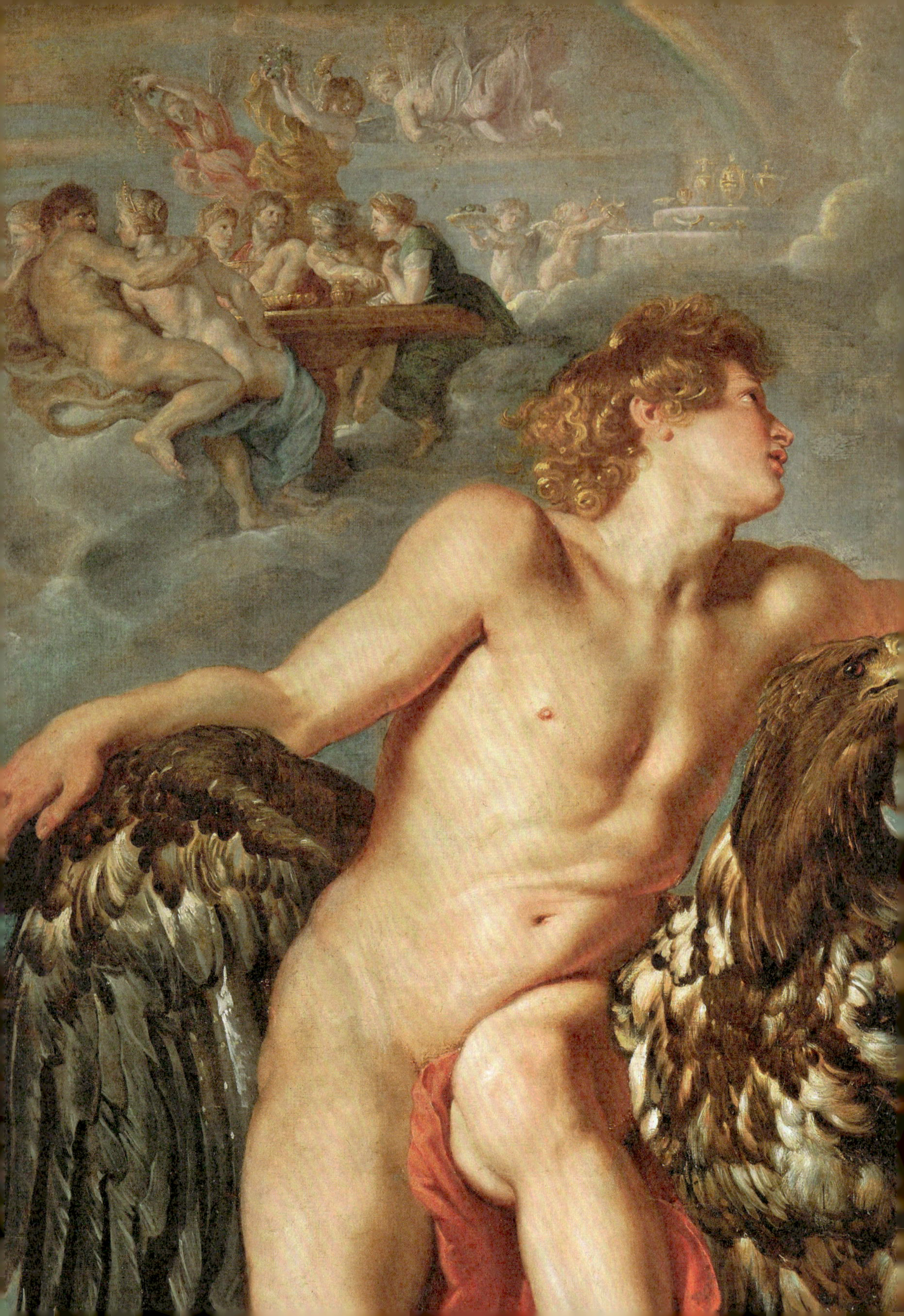

Chapter 9

人還在，美不在

水瓶座
Aquarius

1

假借嫁女兒，實則招情人

　　赫拉克勒斯死後被宙斯升上天空，成為武仙座，但是他的妻子德伊阿妮拉卻入了冥府。她既沒有神的出身，又沒有非凡的人間功績，還因為自己的妒忌與輕信害死了赫拉克勒斯，所以沒辦法跟著他「一人得道，雞犬升天」。

睡著的赫柏
阿爾貝—歐內斯特・卡里耶—貝洛斯／
1869 年／大理石雕像／
207cm×146cm×85cm ／
巴黎奧賽博物館

　　雕像中美麗的赫柏睡在雄鷹——也就是宙斯——的懷抱裡。雄鷹昂首護持，是個盡職盡責的守衛者，而赫柏的姿態非常放鬆，顯然充分感受到了安全感！宙斯兒女眾多，對很多兒女只管生不管養，有些連面都沒見過幾次，幾乎看不到他摟抱其他子女的場面。但是，赫柏跟父親接觸的機會明顯比其他兄弟姐妹還多，宙斯也相應地對她展現了更多的父愛。

因此，赫拉克勒斯登上奧林匹斯山後就又恢復了單身漢的身分，即使在神界他也算得上是個黃金單身漢、鑽石王老五。幾經思考之後，宙斯把自己和赫拉的親生女兒——神界的「嫡長公主」青春女神赫柏（Hebe）嫁給了他。

青春女神一聽就是神界的顏值擔當，其實她更像個吉祥物，沒什麼實際職責。她在奧林匹斯山的工作是侍酒，也就是在眾神歡宴上給眾神斟酒——聽起來好像是最早的空姐。不過，因為宙斯在藝術作品中經常以鷹的形象出現，所以赫柏在藝術作品中的工作可能更接近動物園裡的飼養員。

赫柏
卡羅勒斯・杜蘭／約 1874 年／布面油畫／200cm×104cm／里爾美術館

到底是為神鷹斟酒，還是拿神鷹當自己的「工作通勤工具」？與前頁雕像相比，這幅畫中的鷹不再是保護人的神，而是成為人的僕從。當宙斯總是以鷹的形象出現時，如何看待人與神、人與鷹的關係就成了畫家們感興趣的主題。

宙斯把赫柏嫁給赫拉克勒斯是一個三全其美、四角俱全的決定，一個決定成全了好幾方的利益。

第一，宙斯當然是給自己的女兒找了如意郎君。

第二，這婚姻對赫拉克勒斯也很有好處，因為赫柏是青春女神，能讓眾神永葆青春活力。赫拉克勒斯經歷了凡間種種磨難，成神的時候已經歷經滄桑，和赫柏在一起之後就恢復了青春，又是一副英俊的模樣。

第三，赫柏是赫拉的親生女兒，這樁聯姻也意味著赫拉願意終結種種往事仇怨，與赫拉克勒斯冰釋前嫌，大家既往不咎地共同奔向美好新生活。

講了這麼多好處，宙斯似乎忘了一件很重要的事：他這個大女婿也是他的兒子！不過，想想宙斯自己的幾段婚姻，也就能理解他為什麼並不在意這個問題了。更何況，宙斯想促成這段婚姻，還有著自己不可告人的小心思。

他早就想好要誰來給自己當侍酒了！

在奧林匹斯山上眾神開宴會時專門負責給眾神倒酒，這職位在中國人聽起來有點像宮女、丫鬟，地位很低，可是在西方傳統中，侍酒都是由君主親密、信賴且出身高貴的人

赫柏
安東尼奧・卡諾瓦／1796 年／大理石雕像／
高 160cm／柏林舊國家美術館

卡諾瓦創作的赫柏雖然身體豎直，可雕塑家讓她的裙裾緊緊貼在身體上，形成了人物向前的動感，這也是羅浮宮中勝利女神像的創作手法。赫柏的裙裾不像巴洛克時期藝術家貝尼尼等人雕塑作品那樣飛揚飄蕩，而是體現了一種謹慎、節制的美，淺淺的褶紋還彰顯赫柏肉體的美麗。卡諾瓦是新古典主義雕塑家，這種範式、技法都體現出新古典主義時期追求的審美特徵。

薩莫色雷斯的勝利女神妮姬
約西元前 200 年／大理石雕像／
244cm ／巴黎羅浮宮

擔任，是一個很重要、很象徵榮寵地位的官職。正因如此，此前這個重要職位一直是由宙斯與赫拉的獨生女兒赫柏來擔任。

另一方面，這個職位還有一個附加的誘惑：可以和宙斯有非常密切的接觸機會。聯想一下宙斯的「老毛病」，就不難理解他著急要把赫柏嫁掉還出於一個隱祕的個人目的：他要讓女兒把這個好位置騰出來，由別人來接任。

接任者是誰？是雅典娜，還是阿特蜜斯？當然都不可能，宙斯怎麼可能繼續讓自己的女兒擔任這個職務，這樣與赫柏擔任有什麼區別？

但是，如果宙斯隨便找一個情人來擔任這職務，赫拉那一關怎麼過的了？對於這個問題，宙斯胸有成竹，他早就相中了一個自己喜歡、赫拉又不會管的接任者──一個美少年。

2

駿馬換美人

在一次眾神的宴會上,赫柏斟酒時不小心摔了一跤。宙斯不僅沒安慰她,反而將她就地免職了。宙斯為什麼這麼痛快地免了赫柏?這幅畫的右下角已經透露了端倪。仔細看就能發現,一隻老鷹正叼著個人往天上飛。被叼起來的就是特洛伊小王子蓋尼米德(Ganymedes),他將接替赫柏擔任侍酒。難怪畫中赫柏的眼神有些幽怨。

摔跤之後的赫柏
雨果·摩爾／1880 年／布面油畫／162.5cm x 83.5cm／蘇富比拍賣行

蓋尼米德接過赫柏的酒杯
彼得・保羅・魯本斯／1611—1612 年／布面油畫／207cm×207cm／列支敦士登王室收藏

在魯本斯的畫作中，蓋尼米德坐在神鷹有力的翅膀上，欣然接過女神手中的酒杯，身體的亮色形成了一個微微彎曲的弧度，與女神一起形成了一條對角線，增強了畫面的不穩定感，加強了巴洛克藝術對動感的追求。更值得重視的是左上角透露出眾神正在歡宴的場景，但卻只是簡略的幾抹色彩，只有幾個模模糊糊的身影，並不細膩真切。這和文藝復興時期、古典主義時期的繪畫完全不同，巴洛克畫家尊重生活中人們真實的視覺特徵，不再鉅細靡遺地展現所有細節，而是還原事物在光、空氣的作用下投注在人們眼中的真實樣子，該朦朦朧朧，該含糊含糊。這是巴洛克繪畫另一個重要的特色：除了對色彩與光影關係有了深入挖掘之外，巴洛克畫家對視覺與空間的關係也有了全新的理解。

蓋尼米德是當時特洛伊國王特洛斯（Tros）的兒子，長得俊美無比，從小得到名師的教導，無憂無慮地長大。簡單說，他是個家世良好、舉止優雅、快樂陽光的美少年，放在現代就是最難得的「青春偶像」。

宙斯一直是美人收集者，並且不管美人是男還是女。

一次，宙斯坐在奧林匹斯山上俯視人間時，一眼看到了在伊達山（Ida）上無憂無慮地和同伴、侍衛們一起遊玩的蓋尼米德。他立刻就被這少年的俊美攫住了心神，心中升騰起熊熊愛火。這愛火很快就變成了擁有的欲望，他乾脆化身成神鷹，抓起蓋尼米德，振翅高飛衝入藍天，一口氣把他帶回了奧林匹斯山。

為了賠償蓋尼米德父母的損失，宙斯派遣荷米斯送了兩匹神馬給他們。這兩匹神馬後來在特洛伊繁殖的後代，成為特洛伊後繼國王拉俄墨冬（Laomedon）的摯愛。

中國古代常用「名馬換美人」或「美人換名馬」來標榜風雅或豪爽，漢代淮南王劉安、曹操的兒子曹彰、唐代詩人白居易、宋代文豪蘇東坡都有相關的逸聞典故傳世。可是，宙斯的這一希臘版的「神馬換美人」卻完全是另一種滋味，它也開啟了另一番苦澀的故事。這兩匹神馬為特洛伊生下了一些神駿無比的後代，也正因為這些駿馬，拉俄墨冬得罪了赫拉克勒斯，種下了後來爆發特洛伊戰爭的一個根由（故事詳情見《諸神的戰爭》）。

不同視角下的劫奪事件

劫奪蓋尼米德是很多藝術家都創作過的題材,不同時期的人都對這個題材有著自己的特色表達。

崇拜強者還是同情弱者?

最初,就是明火執仗地搶。

在左側這件最早的描繪劫奪蓋尼米德場景的雕像中,人們看到的就是一個中年男子在劫奪一個少年。現代人之所以一看就知道這是劫奪,而不是父子嬉戲,就在於雕像中的兩個人完全沒有情感交流。古代藝術家們強調的只是宙斯的孔武有力,從這尊雕像中能夠看見古代人對力量的崇拜,人們當時甚至都沒有想到深入思考一下蓋尼米德對這種行為有何感受。可見,這尊雕像不僅在藝術技巧上體現了那個時代直率、粗獷的特徵,也反映了那個時代的精神特質。

宙斯與蓋尼米德
西元前 480—前 470 年/古希臘陶土雕像/奧林匹亞考古博物館

隨著文明的發展,人類的同理心被喚醒。在同樣題材的作品中,人們慢慢看到了創作者對弱者的同情。

右圖這尊浮雕非常精美,布局疏密有致,空間層次立體、豐富。更難的是,作品充滿了人情味,在宙斯與蓋尼米德的下方,人們能看到一個心碎的父親。不過,在這尊作品中,蓋尼米德並沒有留戀自己在人間的親眷,相反,他與化身為鷹的宙斯深情凝望,像是在表明這不是一次被強制劫奪,而是一次心甘情願的出走。

劫奪蓋尼米德
140—150 年/古羅馬大理石浮雕/佛羅倫斯國立考古博物館

飛升的喜悅

蓋尼米德被宙斯強搶上天到底是不是件好事？不同的人心中自然有不同的答案。

有些人可能覺得，被搶走的蓋尼米德簡直是交了好運！被宙斯擄上天，從此能夠跟天神們在一起，參加眾神的宴會。這不是幸運，是什麼？

劫奪蓋尼米德
拉斐爾及弟子／16 世紀晚期／濕壁畫／羅馬法爾內塞別墅

在這幅壁畫中，蓋尼米德帶著淡淡的微笑，雙眼滿含希冀向上凝望，配上雄鷹昂首衝天的英姿，彷彿能讓觀者感受到蓋尼米德對「飛升」的喜悅、對天上生活的無限憧憬。為了配合這種感受，畫家力圖更進一步渲染蓋尼米德向上飛翔的視覺感受，甚至讓蓋尼米德的頭髮違反了物理原理。在地心引力的作用下，人向上飛時頭髮應該下垂，反而是下墜時才會向上飄飛。文藝復興時代的人沒有乘電梯、坐飛機、玩過山車之類的生活經歷，引力原理也尚未被發現，這樣的反常倒是可以理解。更何況，這違反科學規律的展示方式更生動地渲染了蓋尼米德的飛升效果。這幅壁畫所在的位置本就在牆壁靠近天花板的地方，人們仰頭觀看，彷彿真的能感覺到蓋尼米德被拽上了天空一般。

同一時期，威尼斯人用另一種方式強化了蓋尼米德的飛升。這尊雕像被懸掛在格里馬尼宮圖書室前廳的中央，在 16 世紀由建築師文森佐・斯卡莫齊安裝。雕像本身是羅馬時期製作的古希臘雕像的複製品，這種安放方式實在令人驚歎。1587 年，喬凡尼・格利馬尼把這尊雕像捐贈給了當時的威尼斯共和國，這一行為也創建了歐洲首批公共博物館之一。

劫奪蓋尼米德
西元 2 世紀後半葉／大理石雕像／威尼斯格里馬尼宮

　　1538 年，佛羅倫斯的新任大公、美第奇家族的科西莫一世獲得了蒙特莫爾羅戰役的勝利，從而確認了他對托斯卡納的統治權。這幅作品將這個歷史事件與宙斯劫奪蓋尼米德放在一起，將蓋尼米德的升天與地上人們的苦難做了強烈的對比。難怪畫中許多地面上的人都在仰望被劫奪的蓋尼米德，他顯然成了人們羨慕的對象。

蒙特莫爾羅戰役和搶劫蓋尼米德
巴蒂斯塔・佛朗哥／1537—1541 年／木板油畫／173cm×137cm／佛羅倫斯皮蒂宮

人還在，美不在　水瓶座

285

被劫奪的驚恐

　　在真實生活中，如果一個少年被老鷹劫奪上天，恐怕他不會充滿希冀與喜悅，而應該滿是驚恐。從古希臘時代到 19 世紀，西方藝術的發展主脈絡是趨近生活真實的，被劫少年的反應也逐漸真實起來。

　　林布蘭的這幅作品的情感基調出現了驟變。在他的作品裡，蓋尼米德不再是一個俊美的少年，而還是一個什麼都不懂的孩子。驟然被老鷹抓走，小蓋尼米德驚恐萬狀，嚇死了。林布蘭看上去很調皮，但這才真正逼近事情的本質：宙斯是不顧蓋尼米德的意願，用蠻力把他搶上天的。

　　隨著人文主義的發展，越來越多藝術家把情感落點放在了真實的生活中，在作品裡凸顯少年被老鷹劫奪上天時的驚恐。藝術家們的重點轉移到如何透過人物的身體姿態而非表情來展現人物的情緒。這就有點類似當代戲劇表演。

劫奪蓋尼米德
林布蘭／1635 年／布面油畫／
177cm×129cm／
德國德勒斯登國立美術館

與林布蘭相比，馬扎的態度就隱晦得多。他的〈劫奪蓋尼米德〉與很多同題材作品不同，給了人們一個獨特的視角。畫家沒有讓觀者看到蓋尼米德的表情，只讓人看到一個被捆綁在鷹背上少年的背影，但是他的身體表現出了其猝不及防的掙扎。蓋尼米德看起來，並沒有那麼心甘情願。

劫奪蓋尼米德
達米亞諾·馬扎／1575年／布面油畫／177.22cm×188.7cm／倫敦英國國家美術館

人鷹之戀

如果深入到宙斯的情感經歷，心思浪漫的藝術家們會更願意相信，蓋尼米德是出於情感自願跟著那頭鷹上天的。

勒·蘇爾甚至還為他們加上一條象徵勝利的紅色彩帶。在他的畫中，蓋尼米德舒適地坐在神鷹的翅膀上，摟著神鷹的脖子，似乎還在與它低聲地交流著，面帶微笑著，表情溫柔。一人一鷹，那姿勢真像是情人之間在溫柔絮語，哪裡有半點強迫的色彩？

劫奪蓋尼米德
厄斯塔什·勒·敘厄爾／1644年／布面油畫／127cm×108cm／巴黎羅浮宮

劫奪蓋尼米德
彼得・愛德華・斯特羅林／1801 年／木板油畫／62.5cm×44.7cm／私人收藏

　　19 世紀，歐洲進入浪漫主義時代，這一時期的藝術家們再看這一人一鷹的故事，又看出了些禁忌之愛的意味。在 19 世紀創作的這個主題的藝術作品中，人與神的關係更加浪漫起來。

　　上面這幅作品不像是鷹在搶蓋尼米德，而像是蓋尼米德在愛撫寵物鷹。一道明亮卻來源不明的光更把蓋尼米德打出了幾分浪漫、聖潔的意味，活像芭蕾舞臺上的深情主角。

隨著時代的發展，人的主體地位越來越高，人與神的關係越來越平等，人與鷹的關係也就越來越「顛倒」。

在丹麥雕塑家托瓦爾森作品中，蓋尼米德對宙斯既沒有誠惶誠恐、驚慌失措，也沒有感恩戴德般的迎合與恭順。相反，蓋尼米德是人，而宙斯只是一隻鳥，現在是他在善意地給這隻鳥餵水。人神關係已經主客易位了，這裡的神只知道專心致志地喝著蓋尼米德手上碗中的水。

蓋尼米德向裝扮成鷹的宙斯餵水
貝特爾・托瓦爾森／1817年／大理石雕像／高93.3cm，寬118.3cm／哥本哈根托瓦爾德森博物館

這是西班牙新古典主義雕塑家庫貝羅的成名作。在這尊作品中，蓋尼米德的態度更占據了主導地位，他有些狎昵地摟著那頭神鷹，彷彿這個凡人才是命運的操控者。

蓋尼米德與鷹
荷西・阿爾瓦雷斯・庫貝羅／1804年／石膏雕像／182cm×25×81cm／馬德里聖費爾南多皇家美術學院

人還在，美不在　水瓶座

3

水瓶的眼淚

　　宙斯把蓋尼米德帶到天上之後，立刻就把他隆重地介紹給眾神，宣布這是他新找來的侍酒。這是一次巨大的盛會，基本上所有成名的神都到場了。〈把蓋尼米德介紹給眾神〉就是一幅奧林匹斯山上的「全家福」。

蓋尼米德被介紹給奧林匹斯眾神
查理斯－阿梅代－菲力浦・凡・盧／ 1768 年／布面油畫／ 240m² ／德國波茨坦新宮天頂畫

菲力浦・凡・盧是法國著名洛可可畫家讓－巴蒂斯特・凡・盧的兒子。這幅作品是阿爾卑斯山北部最大的帆布天花板畫。根據菲力浦・凡・盧的素描初稿，人們發現赫拉克勒斯和赫柏這兩個角色是後來增加的。

蓋尼米德登上奧林匹斯山之後,很快就自如地穿梭在宴會中給眾神倒酒。只要是明眼人都看得出來,宙斯對這個侍酒的態度可非同一般:宙斯除了讓他倒酒,還經常摟著他就寢⋯⋯。

要探討這個問題,首先取決於蓋尼米德多大。如果被搶上天時他像林布蘭畫中的孩子一般大小,那頂多也就是下圖的情形(朱比特是宙斯對應的羅馬名)。

朱比特與蓋尼米德
尼古拉斯・凡・赫爾特・斯托卡德／1660—1669年／布面油畫／119.5cm×113.8cm／都柏林愛爾蘭國家美術館

朱比特親吻蓋尼米德
安東・拉斐爾・門斯／1760年／濕壁畫／178.7cm×137cm／羅馬巴貝里尼宮國立繪畫館

如果蓋尼米德是美少年，那畫面就和抱個萌娃的情形完全不同了。

　　宙斯對蓋尼米德的寵愛讓赫拉再次妒火中燒。宙斯以前花心的對象都是美麗的少女，即使如此，他也從來沒有把凡間少女帶回奧林匹斯山。然而這次他居然把俊美的蓋尼米德帶了回來，不僅天天在赫拉面前晃蕩，還公然出現在眾神面前，這讓赫拉情何以堪？這不僅是妒忌的問題了，這已經事關赫拉的尊嚴了。

　　赫拉質問宙斯為什麼要帶回蓋尼米德。宙斯辯解說他帶這個少年回來就是讓他給自己倒水的！赫拉怒火中燒，趁機抓住宙斯的藉口，乾脆把蓋尼米德變成了一隻透明的水瓶，讓他可以永生永世為宙斯倒水！

　　這只水瓶就成了天上的水瓶座。那隻將由頭弄上天的宙斯變的鷹，也就成了天鷹座。

　　果然，蓋尼米德從此以後只能為宙斯倒水了。可是，從這只水瓶裡倒出來的既不是水也不是美酒，而是淚，這是一隻汩汩不斷流淌眼淚的水瓶。昔時的橫波目居然真成了流淚泉，這讓所有的天神無不動容。宙斯見到更是心痛如絞，終於他不顧赫拉的情緒，一意孤行地復活了蓋尼米德，時刻把他帶在自己身邊，不給赫拉可乘之機。

　　奇怪的是，眾神發現復活的蓋尼米德雖然樣子和以往一模一樣，還是那麼俊美無雙，卻好像又有什麼不一樣了。他們說不清有什麼東西變了，就是覺得蓋尼米德好像忽然少了些魅力。他們說不清那是什麼，明明美貌依舊，卻偏偏少了點吸引力，少了點魅力。那缺少的是什麼？

　　我看，那就是屬於人類的性感，屬於人類的生氣。人有的時候很奇怪，有的人明明看照片非常美麗，可是真實面對時卻沒覺得有什麼魅力；有的人卻正相反，也許看照片並不十分令人驚豔，但與之面對卻能明確感受到魅力、吸引力。

有人說，那是因為眼神的靈動、舉手投足的氣質優雅等，那都是一張平面的照片反映不出來的。平面照片只能反映一個人天生、自然的樣貌，可是眼神、舉止這些後天的東西，卻常常才是決定一個人魅力、吸引力的真正關鍵。

　　那是「人氣」的表現，是世俗的，但也是人間的美好。

　　就如同在生活中很多人固然喜歡富麗堂皇的五星飯店，但路邊攤卻也有一種難以言說的吸引力。與華麗卻清冷的精緻菜餚相比，煙燻火燎的路邊攤給人帶來一種生活的滋味，反而有一種別樣的誘惑。所以，遊客們經常喜歡鑽城市的老弄堂、舊胡同，走鄉鎮的青石板、碎石路，從不夠整齊、潔淨、雅致的生活中獲取一種帶有凡塵煙火氣的美。

　　中國古代小說中喜歡形容美女「貌比天仙」，但如果這天仙清冷得沒有七情六欲的表現，人們又當如何？與「貌比天仙」相比，其實人們更喜歡回眸一笑的百媚叢生。

　　希臘神話中的蓋尼米德成了神，雖然美還在，但屬於人的那一部分人性已經不再，原本吸引眾神的人間生氣、凡人的性感也跟著蕩然無存。他從一個美麗的人變成了一個美麗的神，褪去了一身煙塵，也散了一身魅力。

　　這則希臘神話的背後，揭示出人類審美的特殊規律。

水瓶座

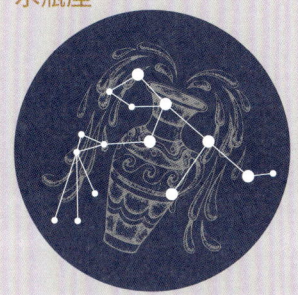

水瓶座又稱寶瓶座，是個大卻黯淡的星座。古希臘人將寶瓶座從 η 到 λ 和到 ϕ、ω 的線條所構成的圖案，想像為天上瓶中流出的玉液瓊漿。

據說，水瓶座是一個能自如地在理性與感性間切換的星座：有時冷靜得像天上冷硬的神瓶一樣閃爍著神聖的理性光輝，有時又像人間最美的少年那樣細膩、感性到極致。哪怕面對傷害，他們也能像蓋尼米德那樣振奮起來，化困境為動力，做出最好的選擇，走出自己的路。

天鷹座

天鷹座（Aquila）是黃道周邊的星座，全中國可見。它位於天琴座之南、人馬座之北，大部分在銀河中。中國人對天鷹座也很熟悉，著名的牛郎星就是天鷹座 α。它在銀河東岸，與織女星（天琴座 α）遙遙相對，是全天排名第十二的亮星。在沒有牛郎織女神話的古希臘，人們把牛郎星想像為天鷹的心臟。

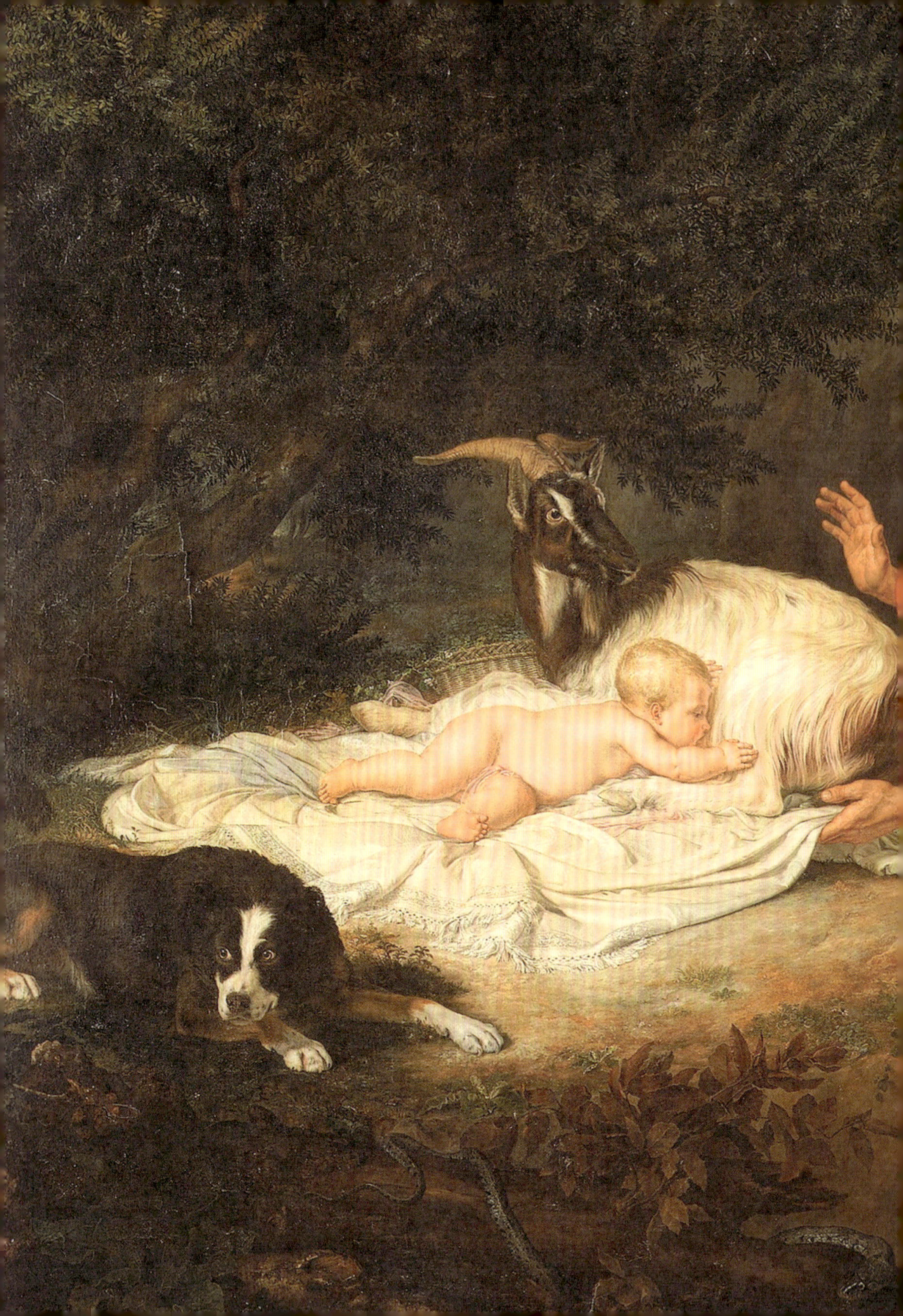

Chapter 10

第十三個星座
蛇夫座
Ophiuchus

雖然人們習慣上經常說黃道十二宮，但是從天文學上來講，國際天文學聯合會 1930 年統一星座邊界後就已經發表官方聲明，確定了一個結論：黃道平面上的星座不是 12 個，而是 13 個！那個增加出來的第十三個星座名叫蛇夫座。

蛇夫座是全天 88 個星座中唯一一個兼跨天球赤道、銀道和黃道的星座。這個星座可以說一直是占星愛好者和天文愛好者之間的分歧。從天文上說，黃道帶上的天蠍座沒有節氣點，相反，「大雪」這個節氣點卻落在蛇夫座裡，蛇夫座彷彿比天蠍座更有資格進入十二星座的序列；在占星學上，人們早已習慣了用這 12 個「太陽星座」討論人的性格與命運。

再換一個視角，從神話的角度來看這個蛇夫座，會發現它比其他 12 個星座中的任何一個都更有資格被人稱為「太陽星座」：這個星座是太陽神的親兒子。

1

希臘版《奧賽羅》

阿波羅是神界最俊美的男神，只可惜就算帥成阿波羅，情路依然十分坎坷，他愛過的幾個少女都拒絕了他。不過，有一次幸運降臨到他身上，他愛上了一位名叫科羅尼斯（Coronis）的公主，公主也接受了他，兩人很快就有了愛的結晶。

阿波羅與科羅尼斯
亞當・埃爾斯海默／1607—1608 年／銅板油畫／17.9cm×23cm／英國利物浦沃克美術館

發現阿斯克勒庇俄斯
喬凡尼・托格諾利／1822—1839 年／布面油畫／198.5cm×296cm／英國利物浦沃克美術館

  可惜，科羅尼斯不敢把懷孕的事告訴父親。不久，她的父親要帶她去巡查，科羅尼斯也只好一聲不吭地答應了。路過一個山林時，科羅尼斯悄悄把孩子生了下來，然後又立刻把他遺棄在山林裡。還好，孩子的哭聲引來了一隻好心的母羊，母羊哺育了這個孩子，救了他一命。不久，這事被一個牧羊人發現，牧羊人看到山林間的孩子全身閃著金光，認定了他是神的孩子並把他帶了回家，這才徹底救了孩子一命。若非好心的母羊和牧羊人，科羅尼斯豈不是要害死自己的孩子？阿波羅對此很生氣，便和科羅尼斯分開了。

  不過，關於阿波羅和科羅尼斯的結局，還有另一個流傳更廣的版本。

  科羅尼斯與阿波羅婚後不久就懷孕了，這讓阿波羅非常高興，但巨大的喜悅之後又隱隱感到一絲擔憂：自己白天要駕駛太陽車，職責重

大，實在是太忙了，沒辦法經常陪伴妻子。而懷孕的女人需要特別小心照顧，這該怎麼辦？

想來想去，阿波羅想到了一個解決辦法。他專門派了一隻全身雪白、會說人話的鳥陪在科羅尼斯身邊，讓這隻美麗的鳥陪科羅尼斯解悶，同時又規定這隻鳥必須每天在固定的時間向他彙報科羅尼斯的身體狀況，免得他在外的時候擔心。

這本來是一個挺好的安排，現在問題是，時間長了，這隻鳥對自己的工作懈怠了。有一次，它偷懶遲到了。等它來到阿波羅眼前時，阿波羅正因為遲遲得不到妻子的消息而焦躁不安，看到這隻遲到的鳥就大發雷霆。

阿波羅與科羅尼斯
亨德里克・霍爾奇尼斯／1590 年／蝕刻版畫／17.78cm×25.4 cm／洛杉磯郡立藝術博物館

這幅畫中有人摟著科羅尼斯，而這一切又都落入了鳥的視野。也許，這隻鳥並沒有說謊，牠只是說了主人不喜歡的實話。

面對憤怒的阿波羅，這隻鳥支支吾吾，彷彿很為難似的告訴他：這次遲到並非自己偷懶，而是牠發現科羅尼斯紅杏出牆，愛上了一個名叫伊斯庫斯（Ischys）的凡人。它是因為一直在猶豫要不要如實稟告阿波羅才來晚了。當然，也有一種說法，這隻鳥並沒有撒謊，科羅尼斯真的已經對阿波羅失去了興趣，愛上了凡人伊斯庫斯。不知道為什麼，阿波羅明明是天界第一帥哥，可是他的愛情屢屢受挫。

阿波羅殺死科羅尼斯
亨德里克‧霍爾奇尼斯／1590年／蝕刻版畫／17.78cm×25.4cm／洛杉磯郡立藝術博物館

　　阿波羅一聽火冒三丈，什麼都不顧了就往回衝。剛到家門口，就看見一個可疑的黑影，難道這就是伊斯庫斯？他二話不說抬手就給了黑影一箭，正中目標，那黑影應聲倒在地上起不來了。

　　見「情敵」已經被自己射死，阿波羅的情緒略略平穩了點，走過去查看這個膽大妄為的人到底是誰。可是，等他走到跟前仔細一看，頭「嗡」的一下，整個人都傻住了。那個黑影哪裡是什麼美少年伊斯庫斯，分明就是他的妻子科羅尼斯啊！

直到這個時候，阿波羅才冷靜下來，意識到自己衝動之下犯了大錯。仔細想想妻子的日常言行，更後知後覺地領悟到，科羅尼斯不可能紅杏出牆。那分明就是那隻鳥在說謊，牠為了掩飾自己的懶惰，用謊言讓自己犯下了大錯。

大錯已經鑄成，人死不能復生，阿波羅不知道如何才能抒發心中的悔恨。一怒之下，他懲罰了那隻奸詐的鳥，取消了牠說話的能力，還剝奪了牠的美麗，讓牠失去了自己一身銀亮的白色羽毛，變得黑乎乎的，難看無比。

這隻鳥就是後來的烏鴉。阿波羅把這隻烏鴉釘在夜空中作為懲罰，牠成為烏鴉座。因為烏鴉通體漆黑，人們根本就看不見牠，其實能看到的只是阿波羅釘牠的那些釘子。

阿波羅
西元前 480—前 470 年／古希臘陶盤畫／直徑 18cm／希臘德爾斐考古博物館

看到頭戴月桂、手拿豎琴的特徵，人們可以輕鬆辨認坐在那裡的男神正是阿波羅，他正在餵一隻烏鴉。

2

向冥王下挑戰書

　　第二版故事中的科羅尼斯雖然被阿波羅誤殺了，可是她的肚子裡還有孩子！阿波羅決心拯救他們的骨肉，從科羅尼斯的屍體中取出了一個孩子，給他起名為阿斯克勒庇俄斯。

　　阿波羅還把阿斯克勒庇俄斯送到凱隆那裡接受教育。阿斯克勒庇俄斯跟隨老師學習期間對醫療救助、療傷很有興趣。有一天，他正在潛心思索病案，突然看到一條蛇爬到他的手杖上，他認出那是條毒蛇，連忙把蛇給殺了。沒想到，這時又出現了另一條毒蛇，嘴裡銜著不知名的草藥，蜿蜒到那條死蛇身旁，把草藥敷在死蛇身上。很快，奇蹟出現了：

阿波羅、凱隆與阿斯克勒庇俄斯
西元 1 世紀／濕壁畫／38cm×51cm／拿坡里國家考古博物館

那條已經死了的蛇復活了！

阿斯克勒庇俄斯看到這一幕，心中忽然有了感悟：普通人只知道蛇能殺人，但是蛇還有神祕的救人能力，這是被人們忽略的。如果人類也學會蛇的醫術，不就能戰勝病痛甚至死亡了嗎？

為了研究蛇類治病的奧祕，他專門找雅典娜要了一小瓶蛇髮女妖戈爾貢（Gorgon）的血液。經過研究，他終於窺破了蛇的奧祕：如果從左

兩尊雕像都是醫藥神的經典形象。左側雕像腳下有一條正昂著頭的蛇，右側雕像右手拄著一根盤蛇杖。

1 阿斯克勒庇俄斯
西元 2 世紀／黑色大理石雕像／羅馬卡比托利歐博物館

2 阿斯克勒庇俄斯
125－130 年／大理石雕像／高 248cm／巴黎羅浮宮

邊的血管取血,那蛇髮女妖的血是一種致命的毒藥;可是如果從右邊的血管取血,這血液就可以令人起死回生,是天下最好的良藥。從此,他開始把蛇盤在自己的手杖上,帶著這根盤蛇杖外出行醫,每當遇見重病的人時,就用蛇血為他們治病。很快,這個手持盤蛇杖的人就成了希臘地區著名的神醫。

——這個神話是古希臘人對醫學的解讀。古代希臘人的確把醫療和蛇聯繫在一起,那是基於兩個原因。一個是他們發現蛇毒雖然能害人,但用「以毒攻毒」的方法也能夠治一些病症。古代行醫者會用蛇毒為藥救助世人——這正是希臘神話中阿斯克勒庇俄斯治療方法的由來。

除此之外,還有另一個有趣的原因:古人觀察到蛇有神奇的蛻皮現象。完整的蛇蛻看上去難道不正是一條完整的死蛇嗎?新蛇從蛇蛻中鑽出來又像什麼?難道不像一條蛇死後重生、脫胎換骨了嗎?古人不知道那是蛇類的自然生理習性,以為蛇擁有死後復生的神奇功能,認為蛇是一種能夠欺騙冥王的神奇動物。

醫生的最高理想是什麼?不就是能夠欺騙冥王,欺騙死亡,也就是戰勝死亡嗎?所以,古希臘的醫療流程之一就是把患者淺淺地埋在土裡,彷彿已經死去被埋葬了一樣。人們希望用這種方法騙過冥王,然後患者再像蛇蛻皮復活一般從淺坑中起來,恢復生機。

阿斯克勒庇俄斯救的人越來越多,名氣越來越大,因此得罪了神界的兩位老大,導致了自己的死亡。一位是冥王黑帝斯,他生氣的原因如同金庸《笑傲江湖》裡那位「殺人名醫」平一指的顧慮:神醫救的人越來越多,冥界豈不是要空了?這不是在砸黑帝斯的飯碗嗎?

阿斯克勒庇俄斯在救助了很多人之後,偏偏萌生了一個更大膽的想法:既然蛇血能夠起死回生,他能不能用蛇救活自己的母親——那個冤死的科羅尼斯?他還真的著手準備實行了,這下子踩到了黑帝斯的底線:這不僅是阻止人去往冥界了,這更是公然和冥界搶人,直接和冥王

科羅尼斯之死
夏爾・內格／1850年／布面油畫／普羅旺斯藝術史博物館

在多數西方藝術作品中，蛇都是負面形象，是陰險、狡詐的代表。但在這幅畫中，克羅尼絲手臂旁的蛇不是來殺她的，而是來救她的。

挑戰！這囂張的行為惹怒了冥王黑帝斯，冥王毫不猶豫地殺死了他。當然，如此一來，科羅尼斯也無法復活了。

在多數西方藝術作品中，蛇都是負面形象，是陰險、狡詐的代表。但在這幅畫中，科羅尼斯手臂旁的蛇不是來殺她的，而是來救她的。

另一種說法認為，阿斯克勒庇俄斯真正觸怒的人是宙斯。宙斯覺得，如果凡人總是被治癒，那不就是要擁有無盡的壽命了？那可是天神的特權！人間有這樣的名醫在，豈不是讓人的地位越來越逼近神？宙斯不能容忍這樣的事情發生，他拿起手裡的權杖劈死了阿斯克勒庇俄斯。

神醫死了，變成了醫神。就連阿斯克勒庇俄斯手上的那根盤蛇杖也成為醫療的象徵，世界衛生組織（WHO）的標誌就是那根盤蛇杖。希臘各地的人都為阿斯克勒庇俄斯建起了神像、神廟，甚至以他的名字命名了一些專門的療養機構，他得到了希臘各地人們的崇拜。

當然，來自人間的崇拜不能抵消阿波羅的怒火。見到自己最心愛的兒子被宙斯劈死，阿波羅陷入狂怒，決心報復宙斯。他用弓箭射死了為宙斯鍛造權杖的獨目三巨人庫克洛普斯（Cyclopes）。這又引發了宙斯的大怒，他罰阿波羅必須去人間工作贖罪。因此，阿波羅來到了特洛伊，為凡人修築城牆——這又引發了一大段故事的發生（故事詳情見《諸神的戰爭》）。

宙斯明白自己需要平息阿波羅的怒火，便將阿斯克勒庇俄斯升上天空，成為蛇夫座。黃道平面上終於有了一個阿波羅的親骨肉。

以弗所古城的蛇杖浮雕

世界衛生組織標誌

羅馬瘟疫
朱爾斯—埃利・德勞內／1869 年／布面油畫／131cm×176.5cm／巴黎奧賽博物館

西元前 5 世紀，一場瘟疫在雅典爆發，後擴散到希臘大部分地區，幾乎摧毀了希臘各個城邦。據說，過半的古希臘人都慘死於這場疫情。後來的古羅馬帝國曾經輝煌一時，但其境內也發生了四次大瘟疫，每次都導致人口銳減，終於讓帝國元氣耗盡，其中最著名的是西元 542 年爆發的查士丁尼瘟疫，這次瘟疫讓首都損失了 40% 的人口。當時，查士丁尼皇帝幾乎已經要實現收復西羅馬的雄心了，卻被這次瘟疫打斷，從此再也沒能恢復舊日羅馬的榮光。也可以說是改變歷史的一次瘟疫。

這幅作品表現了古羅馬陷入瘟疫時的情景。按照當時目擊者的記載，有的人走在街頭時忽然倒下，接著在幾分鐘內斃命，城中的屍體多到來不及收拾，官方只能派船隻將屍體運到大海安葬。在這幅作品中，屍體堆疊在道路旁、門廊臺階上，畫家創作這幅作品時還用了一個宗教的故事：罪惡天使在善良天使的指揮下，用長矛戳各家門戶——門被戳幾下，這戶人家就死去幾人。畫中被戳的門旁有半截雕像的身影，就在右上角，那尊雕像身穿古希臘的長袍、手持盤蛇杖，他正是醫神阿斯克勒庇俄斯。

蛇夫座

在西方古代星圖中，蛇夫座（Ophiuchus）被畫成一個手持巨蛇的人，代表神醫阿斯克勒庇俄斯。星空中的蛇夫座和巨蛇座交接在一起，這也是全天星座中唯一與另一星座交接在一起的星座。它呈一個又大又寬的長方形，天球赤道正好斜穿過這個長方形。銀河在這裡也有一塊突出的部分，形成了銀河最寬的一個區域。

烏鴉座

烏鴉座（Corvus）位於處女座西南、巨爵座與長蛇座之間。座內亮星很少，最亮的 4 顆 3 等星組成一個不規則的四邊形，這就是阿波羅用於釘住烏鴉的「釘子」。這個星座雖然是南天星座，可以在中國即使是北到漠河都能看到。

烏鴉座內最亮星為 γ 星，而 α 星的亮度只能排第三。現在，全天 88 個星座中，α 星是第一亮星的有 59 個，α 星是第二亮星的有 12 個，α 星是第三亮星的有 5 個，烏鴉座就是其中之一⋯⋯，甚至有 4 個星座乾脆就沒有 α 星，如船帆座、船尾座、小獅座、矩尺座。

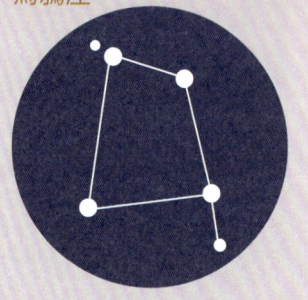

Chapter 11

群星環繞北極星

星座與星宿

星座是古代西方人劃分星空的方法，古代中國人也發現夜空中的一些星星位置接近，可以組成圖案。最典型的就是能夠組成大勺子狀的北斗七星，東西方都發現了北極星的特殊性。這顆星四季可見、巋然不動、光亮璀璨，彷彿夜空中一盞指示方向的明燈，周邊北斗七星以它為中心，一年四季有序運轉。但是，這八顆星在東西方文化中的象徵意蘊卻截然不同。

　　在希臘神話中，北極星和北斗星分別屬於兩個不同的星座：小熊座和大熊座。

　　這兩個星座的由來與宙斯的一段風流韻事有關。宙斯曾經變成自己女兒阿特蜜斯的模樣，誘惑了阿特蜜斯的女伴卡莉絲托（Callisto）。阿特蜜斯發現卡莉絲托懷孕後，把她逐出了自己的隊伍，讓這個無辜的姑娘只能終日在山林中遊蕩（故事詳見《希臘眾神的天空》）。卡莉絲托的悲劇還沒有完，赫拉出於妒忌，在卡莉絲托生下一個兒子之後，把她變成了一頭熊。

　　很多年後，那個孩子長大了，成了一個年輕英俊的獵人。有一天，已經變成熊的卡莉絲托遇見了他，一眼就認出這是自己的兒子，激動地撲上去，想要擁抱兒子。可是，這個青年只看見一頭熊向自己撲來，幾乎本能地舉起了長矛，就要用盡全身力氣向熊刺去。

　　一場倫理慘劇即將發生之際，宙斯終於趕到了。他不忍心卡莉絲托母子陷入更深的痛苦，出手將青年變成了一隻小熊。就在青年變成「熊孩子」的那一刻，他認出了眼前的大熊正是自己的母親，立刻親暱地撲進了母親的懷抱，和母親緊緊擁抱在一起。宙斯怕赫拉繼續為難這對母子，就把他們升到天界，成為天上的大熊星座和小熊星座。

　　在希臘神話中，每個夜晚群星都從東方升起，於黎明時分消失在西方的海平面下，它們經過一夜的辛苦征程之後回到自己在海中的居所休息。赫拉仍然不肯甘休。海神波塞冬在赫拉的請求下，拒絕給這對母子

朱比特和卡莉絲托
卡雷爾・菲力浦・斯皮林克斯／17世紀初／布面油畫／134.6cm×177.8cm／費城藝術博物館

提供休息的場所,讓他們永遠在天空中辛苦跋涉,不得安眠。從此以後,大熊星座和小熊星座只能永遠地掛在天空中,再也落不下去。

　　希臘神話中的大熊星座就是中國人熟悉的北斗七星,小熊星座中最亮的那顆星就是北極星。母親永遠圍繞著兒子轉,在天上永不停歇。古希臘人發現了北斗七星一年四季圍著北極星轉的現象,得出了這樣一個人生的寓言:人生的禍福就像大熊座(北斗星)一樣,升升落落,永遠在輪轉,誰也不知道自己的吉祥、順利之後會跟著什麼,這如同中國人所說的「禍福相依」、「命運無常」。

群星環繞北極星
星座與星宿

313

古代中國人也發現了北極星的特點，這顆星一年四季長居北方，任星河流轉巋然不動，彷彿群天都是圍繞它而動，所以它在古代中國被稱為帝星，享有至高無上的地位。而圍繞在它身邊的北斗七星，自然也有了比天上其他任何星都更重要的地位。古代中國人給它們中的每顆星都取了名字，從斗勺到斗柄依次是天樞、天璇、天璣、天權、玉衡、開陽和瑤光（破軍）。

其中，第一星天樞又被稱為貪狼，第七星瑤光又被稱為破軍，它們與南斗（屬於人馬座）第六星七殺一起組成了「殺破狼」組合，這個名字近年屢屢在小說、電視劇中亮相，在古代也有很多相關傳說。除此之外，第四星天權被視為文曲星，第六星開陽被視為武曲星，第三星天璣又稱祿存（就是民間所說的財星），都具有特殊的意義。第五星玉衡在古代中國也就乾脆成為北斗七星的代稱。

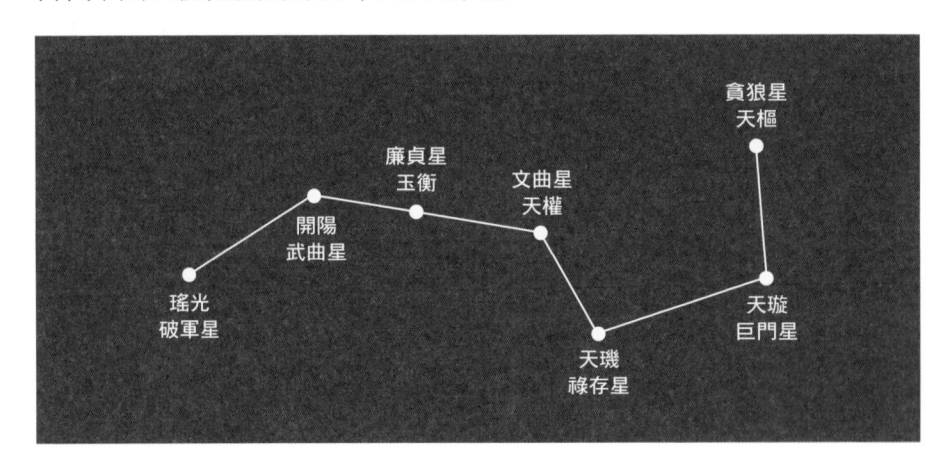

文曲星、武曲星、財星、將星……，如果說北極星是「帝王」的話，那麼北斗星就如同天上圍繞著它的朝堂。它們所在的區域組成了天上一個特殊的區域——紫薇垣。地上的紫禁城以「紫」冠名，因為人們認為它就是天上的紫薇垣在地上的對應。除了紫薇垣之外，天上靠近北極星的中心區域還有太微、天市二垣，象徵天上的中央衙門和市集。

在這中央三垣的周邊，古代中國人又把全天劃分成了 28 個區域，這就是我們熟悉的二十八星宿。在《西遊記》故事中，每個星宿都有一個星君坐鎮，曾經發生過許多有趣的故事。成語氣沖斗牛中的「斗牛」就分別指「斗」、「牛」這兩個星宿，而不是一頭牛。這二十八宿中的每宿都各自對應地上的一個地區，以此標注地理方位。例如，李白名作〈蜀道難〉中有一句「捫參歷井仰脅息」中的「參」和「井」就是兩宿，分別對應陝西和四川，李白用「捫參歷井」四個字告訴人們：自己是從陝西進入四川的。「三垣二十八宿」體系很早就開始萌芽，到唐代發展成熟，成為中國古代的星空劃分的方法。

對比三垣二十八宿與八十八星座這兩套體系，現代人能夠明顯看出其中的文化差異：星座之間沒有主次，垣宿之別卻如君臣。也許這就是現代人沿用星座、而非星垣來定位恆星的原因之一吧。

即使如此，北斗星、北極星仍然給中國人帶來許多或浪漫或雄奇的想像：宋代詞人寫「盡挹西江，細斟北斗，萬象為賓客」。詩人以北斗為勺暢飲天河，現代科學家以「北斗」來為導航系統命名，引領科技的發達。

星空，總是會給人帶來無窮無盡的靈感與遐思。

星座圖

喬凡尼・安東尼奧・瓦諾西諾・達・瓦雷斯、喬凡尼・德・麥地奇和拉斐爾・莫塔・達・雷吉奧／1573—1575年／濕壁畫／義大利法爾內塞別墅

這個天頂畫是法爾內塞別墅最具代表性的作品之一，畫家們在彩色的星座神話人物身上用金色彩繪點綴出亮星的位置。畫家們根據當時的天文目錄進行定位，非常精確。這個別墅是建築師是賈科莫・巴羅齊・達・維尼奧拉，別墅的主人是當時的法爾內塞紅衣主教，他是教皇保祿三世的孫子，保祿三世就是那個讓米開朗基羅繪製西斯汀小堂天頂畫的人。

後 記

天文觀測並非今人的專利，無論中外，古人都比現代人更重視觀察星星。想像一下，如果從來沒有人發明過日曆，我們該用什麼來判斷季節？星星。

中國人曾經用織女星確定夏季的到來，以此為一年的開始；埃及人、巴比倫人、希臘人也同樣用星星來判斷季節、歲月。世界各地的古代天文學便是由此而來。

在科學精細分工的現代，人們已經不需要憑藉星辰來指點農事、判定方向，星空似乎不再能主宰人們的生活。在現實生活中，這些星辰、星座卻更經常地出現在人們的生活中。

少壯不努力，長大怪水逆。

從巴比倫時代開始，就有人相信天上的星星能主宰人們的禍福吉凶，進而影響人的性格。中國古人甚至相信某些星能預示國家的命運。由這種觀念發展出的占星學由古代開始一直綿延至今，活躍在很多大眾媒體中，還在一些人的生活中產生影響。

一直以來，有人癡迷星座，推演星盤，研究 12 個黃道星座如何影響著人生與命運：太陽星座、月亮星座、上升星座、最合適的星座、最不合適的星座……。更多人把自己諸多坎坷、挫折，包括自己個性上的弱點怪罪到那些離我們幾十萬光年之遙的星星身上，認為是它們主宰了我們的命運。

古希臘人是崇尚命運的，他們同時也是真正自由的人，他們在相信命運決定一切的同時，也積極地扮演著自己應該扮演的角色，盡自己的努力，承擔自己的責任。他們尊重命運的至高無上，但也絕不在命運面前躺平任踩。

占星學總是會告訴我們，每個星座出生的人都有優勢，也都有不足；希臘神話卻告訴我們，人該如何面對自己的優勢，如何面對自己的不足。因為希臘神話裡的那些星座的由來故事，就是一個半人半神的英雄與命運較量的過程。

還有誰的命運慘得過赫拉克勒斯？他的大半生幾乎都在贖罪，接受命運的懲罰，卻仍然一路留下燦爛的星辰。他了解命運是什麼，卻又能自主在心中做出決定。因此，命運就不是框定他、限制他的枷鎖，反而成了磨礪他、成就他的奇蹟。

這才是命運的星辰真正能指明的方向。

星座不是理由，水逆不是藉口。

莎士比亞早就說過：「這過錯，（親愛的布魯圖斯），並非源自星辰，而是我們自己。」

「The fault, dear Brutus, is not in our stars, but in ourselves.」

——莎士比亞：《凱撒大帝》

作　　者	江逐浪
發 行 人	林敬彬
主　　編	楊安瑜
編　　輯	高雅婷
內頁編排	方皓承
封面設計	林子揚
行銷企劃	徐巧靜
編輯協力	陳于雯、高家宏
出　　版	大旗出版社
發　　行	大都會文化事業有限公司
	11051 台北市信義區基隆路一段 432 號 4 樓之 9
	讀者服務專線：（02）27235216
	讀者服務傳真：（02）27235220
	電子郵件信箱：metro@ms21.hinet.net
	網　　址：www.metrobook.com.tw
郵政劃撥	14050529　大都會文化事業有限公司
出版日期	2022 年 08 月初版一刷 · 2025 年 07 月二版一刷
定　　價	540 元
Ｉ Ｓ Ｂ Ｎ	978-626-7718-09-4
書　　號	B250702

諸神的星空：
希臘眾神的愛恨情仇與星座的起源（二版）

Metropolitan Culture Enterprise Co., Ltd.
4F-9, Double Hero Bldg., 432, Keelung Rd., Sec. 1, Taipei 11051, Taiwan
Tel: +886-2-2723-5216　　Fax: +886-2-2723-5220
Web-site: www.metrobook.com.tw
E-mail: metro@ms21.hinet.net

◎本書由化學工業出版社授權繁體字版之出版發行。
◎本書如有缺頁、破損、裝訂錯誤，請寄回本公司更換。

版權所有　·　翻印必究　Printed in Taiwan. All rights reserved.

國家圖書館出版品預行編目（CIP）資料

諸神的星空:希臘眾神的愛恨情仇與星座的起源/江逐浪著.--
二版.--臺北市:大旗出版:大都會文化發行,
2025.07；320 面；17x23 公分（B250702）
ISBN 978-626-7718-09-4（平裝）

1. 希臘神話

284.95　　　　　　　　　　　　　　　　114008067

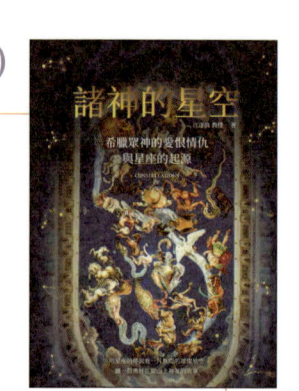